JEAN DE METZ

(Coudre la Couverture)

Aux
Pays de Napoléon

L'ITALIE 1796-97-1800

D'Albenga à Leoben — Passage des Alpes — Marengo

précédé du Siège de Toulon et de la Jeunesse de Bonaparte

Ouvrage illustré de 136 phototypies dont 5 panoramas, 1 hors texte et 1 carte

Grenoble
J. REY - Editeur

Aux Pays de Napoléon

L'ITALIE 1796-97-1800

De cet ouvrage il a été tiré 50 Exemplaires Numérotés
contenant une suite de gravures avant la lettre.

Droits de reproduction et de traduction réservés pour tous les pays
y compris la Suède, la Norvège, la Hollande et le Danemark.
Copyright by J. Rey 1910.

JEAN DE METZ

Aux Pays de Napoléon

L'Italie 1796-97-1800

D'ALBENGA A LEOBEN — PASSAGE DES ALPES — MARENGO

*Ouvrage illustré de 136 phototypies
dont 5 panoramas, 1 hors texte et 1 carte*

GRENOBLE
Jules REY, Editeur
Successeur de A. Gratier et J. Rey.
1911

*Le fort Saint-Louis
de la Grande Rade*

SIÈGE DE TOULON 1793

Le 24 août 1793 la ville de Toulon est livrée aux troupes anglo-espagnoles, l'escadre comprenant 18 vaisseaux de ligne et plusieurs frégates tombe dans la main des ennemis. L'arsenal même est en la possession des coalisés.

Notre armée a donc été battue d'importance pour que nous cédions ainsi un port, une ville, une escadre ? Il n'y a qu'une défaite notoire qui puisse nous imposer un traité dont les conditions soient aussi honteuses. Eh bien non ! Toulon n'eut pas à souffrir d'un siège, ses habitants ne luttèrent point, mais ils abandonnèrent lâchement, par la trahison, une partie de la flotte française et ouvrirent ainsi la porte à ceux qui avaient juré la mort de leur pays.

Le motif de cette grave faute fut la chute de la Gironde et le triomphe de la Montagne. Les événements du 31 mai ont une répercussion fâcheuse dans la France entière. Sur bien des points le peuple s'insurge contre ce changement de gouvernement : Lyon, Marseille, Montpellier, Nîmes, Bordeaux, Brest, Toulon prennent les armes et envoient des troupes pour marcher sur Paris. Décidée à être maîtresse des insurrections, la Montagne lève des troupes pour combattre les rebelles, Lyon se voit assiégé. Le colonel Carteaux est mis à la tête d'une armée de 500 Allobroges qui doivent se réunir à Orange avec les deux mille soldats d'infanterie détachés de Grenoble et aller pacifier le Midi.

L'Éguillette

La guerre civile est donc allumée, les diverses provinces vont se battre et s'entretuer? La lutte heureusement dure peu; Marseillais et Nîmois sont dispersés par Carteaux qui s'empare d'Aix le 20 août. A cette nouvelle Toulon se sentant compromise, cherche salut et protection auprès de l'étranger. Fréron, Barras et le général Lapoype quittent immédiatement la ville et se rendent à Nice.

L'ennemi s'installe alors en maître, place des troupes le long du littoral et cherche à établir des positions qui lui permettent de commander la Petite et la Grande Rade. Le Cap Brun défendra la première et deux batteries installées l'une à l'Éguillette, l'autre au Balaguier compléteront les travaux de fortifications.

Carteaux ayant déjà combattu contre les troupes du Midi est désigné par la Convention pour lutter contre l'envahissement anglo-espagnol. Cet officier n'est malheureusement pas un homme capable de mener à bien un siège, il n'entend rien aux choses de son métier, pas plus aux travaux de défense, qu'à l'exécution d'un plan ou d'une manœuvre.

N'étant pas dirigées par une main sûre, les fortifications s'exécutent lentement ou mal. Il faut cependant offrir une résistance sérieuse aux Anglais. Un tout jeune chef de bataillon est bientôt nommé commandant en second de l'artillerie du siège de Toulon. Bonaparte, car c'est de lui dont il s'agit, arrive le 16 septembre à Beausset, passe la revue du matériel, visite ensuite les lieux et apercevant le promontoire de l'Éguillette qui domine la rade et le port s'écrie :

« C'est là qu'est Toulon ! » Il faut se rendre maître de cette position et l'ennemi cédera, car rien ne pourra résister à la pluie de boulets que lancera une batterie établie sur cette hauteur. Carteaux fait la sourde oreille

Devant l'incapacité évidente du général en chef, Bonaparte décide d'agir seul. En quelques semaines il complète l'organisation du parc d'artillerie, rappelle à l'ordre des officiers en congé, établit de nombreuses batteries sur le bord de la mer : entr'autres *celles de la Montagne et des Sans-Culottes*. La défense est organisée, l'ennemi peut venir. Il vient en effet : le 14 octobre, 4000 hommes font une vive sortie et veulent s'emparer de la batterie de la Montagne mais Bonaparte veille, et, après une courte lutte, les assiégés sont repoussés.

Le 15 octobre ce sont nos troupes qui attaquent, le général Lapoype les dirige sur le cap Brun qui cède.

Malgré l'activité de Bonaparte, le courage et l'ardeur de nos soldats, la ville est toujours cerclée du fer et du feu de l'ennemi. Comment faire battre en retraite les coalisés? De quel côté faut-il attaquer? Le fort Mulgrave élevé par les Anglais sur le promontoire du Caire est rendu tellement imprenable par le feu continu de ses batteries qu'on le surnomme : le Petit-Gibraltar. C'est là le cœur de l'ennemi, c'est là l'obstacle qu'il faut renverser, le joug dont il faut s'affranchir, mais comment? Quel stratagème emploiera-t-on?

Carteaux s'avise d'un moyen peu banal : depuis des siècles une vieille couleuvrine dormait sous la poussière vénérable du temps, au Musée de Marseille, or ce vieil engin était l'objet d'une sorte de culte, car on lui avait reconnu des propriétés extraordinaires et fabuleuses. Qui sait se dit Carteaux si un seul de ses boulets ne hacherait pas comme paille l'armée anglo-espagnole toute entière et ne réduirait pas en miettes la flotte ennemie qui encombre le port? A peine cette idée a-t-elle germé dans le cerveau imaginatif du brave général qu'il faut la mettre à exécution et amener sur le terrain cette

Le Cap Brun

Toulon

antiquité respectable. On perdit du temps pour exécuter une manœuvre dont les résultats, on le devine, furent nuls.

Bonaparte soumet alors un plan: son avis est que pour être maître de la place il faut bloquer Toulon par mer comme il l'est par terre. Cela paraît simple au premier abord mais pour mener à bien ce projet il faut prendre le fort Mulgrave, établir une batterie au promontoire de l'Éguillette et une autre à celui de Balaguier. Or le Petit-Gibraltar est jugé imprenable par ceux mêmes qui l'ont édifié.

— *Si les Français emportent cette batterie, je me fais jacobin,* déclare commandant.

Bonaparte a besoin pour agir de n'être pas entravé dans ses manœuvres par des ordres qui déjouent ce qu'il a conçu, Carteaux s'entête à faire le contraire de ce qui est nécessaire et irrite le commandant d'artillerie par les retards successifs qu'il occasionne. C'est ainsi que trouvant qu'aux batteries des Sans-Culottes et de la Montagne on perd trop de canonniers, il fait évacuer la position qui tenait nos ennemis en échec.

La situation devient donc intolérable, Bonaparte fait part de ses idées à

Vue générale de la Rade

Gasparin, le représentant du peuple, qui envoie immédiatement à Paris un courrier chargé d'un pli contenant les plans du jeune officier d'artillerie. Le même courrier revient aussi vite qu'il est allé et rapporte au général Carteaux l'ordre de se rendre à l'armée des Alpes.

L'armée de siège va-t-elle avoir à sa tête un homme capable de la diriger ? Hélas ! après un peintre on lui envoie un médecin.

Doppet est appelé à remplacer Carteaux, il ne vaut guère mieux que son prédécesseur si l'on en juge par sa conduite lors de l'attaque du 15 novembre. Nos soldats, indignés des mauvais traitements infligés par les Espagnols aux volontaires prisonniers, courent aux armes. Le bataillon de la Côte-d'Or le premier prend l'offensive, toute la division l'imite et la lutte devient bientôt si acharnée que Bonaparte se rend chez le général en chef afin de le consulter sur ce qu'il y a lieu de faire. Doppet ignore tout à fait ce dont il est question. Bonaparte le lui explique et ajoute que *puisque le vin était tiré il fallait le boire*. Le général l'autorise à poursuivre la lutte et à diriger l'attaque. Tout marche à souhait, le promontoire du Caire est occupé par nos troupes, le fort Mulgrave cerné. L'ennemi se voyant assiégé va céder,

Le promontoire du Caire

lorsque tout à coup, sans raison, une trompette sonne la retraite. Doppet donne ordre aux soldats de se retirer, parce que l'un de ses aides de camp vient de tomber frappé mortellement d'une balle. On juge du mécontentement de Bonaparte qui voit une belle attaque manquée. Le visage inondé de sang, il arrive près du général et lui dit :

— *Le Jean Foutre qui fait battre la retraite nous fait manquer Toulon.*

Les soldats se retirent en murmurant, le mécontentement est manifeste, des propos peu élogieux pour le général circulent dans les rangs.

— Quand cessera-t-on de nous envoyer des peintres et des médecins pour nous commander, disent-ils.

A la suite de cette opération Doppet est changé et envoyé aux Pyrénées. Dugommier, homme et chef intelligent succède au commandement, il juge bien vite le jeune Bonaparte, et on ne le verra jamais refuser aveuglément une proposition raisonnable. Il reconnaît sans fausse honte la supériorité de son officier, sait s'en servir et l'employer utilement.

Toulon est devenu le point de mire de l'Europe entière, la France plus que tout autre pays a les yeux fixés sur le champ du combat, car son sort dépend de l'issue de la bataille. Les Parisiens particulièrement suivent avec anxiété les opérations du siège. Trouvant que les travaux traînent en longueur, 60 à 80 personnages de qualité font préparer des carrosses, s'y installent commodément, car le voyage est long, et filent sur Toulon. Dugommier est fort étonné de voir un jour arriver à lui vingt superbes équipages. Les voyageurs descendent et abordent le Général. L'un d'eux prend la parole, et déclare hautement que la ville devrait être délivrée de la

Le Fort Malbousquet

présence des étrangers depuis longtemps, que la Patrie étant en danger ils viennent s'offrir comme volontaires. L'orateur ajoute que pour peu qu'on leur indique où sont les pièces et les approvisionnements, ils se font fort de s'emparer de la ville et d'anéantir la flotte ennemie ! Le brave Dugommier ne sait trop que répondre. La volubilité avec laquelle le petit discours est débité l'étourdit, lui fait perdre un peu la tête. Bonaparte qui l'accompagne intervient et rassure ces combattants d'un nouveau genre en leur promettant de les conduire dès le lendemain à une batterie. Il tient parole, en effet, et le jour suivant installe les jeunes patriotes auprès des bouches à feu qu'il a eu soin de placer sur un terrain tout à fait plat. Les volontaires trouvent bien la position un peu à découvert mais Bonaparte leur assure *qu'à de tels braves les épaulements sont inutiles et qu'ils sont couverts par leur invincible patriotisme*. Ces paroles piquant leur amour-propre les contraignent à l'obéissance. La première bordée cause une débandade générale. Les canonniers d'avenir prennent la fuite ne songeant plus ni au péril de la patrie, ni aux railleries qu'ils auront à subir, la peur leur fait tout oublier; leur vie d'abord, le reste ensuite.

. . . .

Depuis que le fort Mulgrave est construit, il ne cesse de donner des inquiétudes à notre armée. On l'attaque à plusieurs reprises et pour des raisons diverses la prise du Petit-Gibraltar est toujours différée. A fin novembre un nouveau coup de main va être tenté. Toutes les précautions sont prises, une batterie, dont l'ennemi ignore l'existence, est placée en face du promontoire du Caire, contre le fort Malbousquet. Bonaparte a l'intention de la faire fonctionner au lendemain de la prise du fort, pour bombarder les bâtiments anglais qui ne manqueront pas de traverser la rade. La malchance veut que les représentants du peuple viennent à passer par là, ils questionnent les canonniers et les obligent à faire feu sur le champ. Les projectiles trahissent la présence de la batterie, le lendemain l'ennemi fait une sortie et parvient à enclouer nos pièces. Sans l'intervention immédiate de Dugommier et de Bonaparte cet incident aurait pu avoir de graves conséquences. Le général ordonne de faire avancer la réserve pendant que le commandant d'artillerie emploie toutes ses forces à protéger le parc. Bonaparte réussit enfin à semer le désordre dans les rangs des ennemis. Il s'introduit avec un bataillon dans le tunnel qu'il avait fait creuser au pied de l'épaulement de la batterie et débouche au milieu des coalisés. Ceux-ci prennent la fuite et sont poursuivis l'épée aux reins jusque dans Toulon même.

L'opération a été tellement prompte, qu'ils ne se sont même pas aperçus de la disparition de leur chef qui, blessé, avait été fait prisonnier.

Bonaparte est élevé au grade de colonel.

Une quinzaine de jours après cette alerte, l'attaque du Petit-Gibraltar est décidée. On construit une batterie à quelque distance seulement de la redoute ennemie. Les artilleurs ne peuvent travailler qu'à la faveur d'une rangée d'oliviers qui les dérobe à la vue des étrangers. A peine la position est-elle découverte qu'une grêle de boulets s'y abat. Les hommes terrifiés n'osent plus approcher des canons. C'est alors que Bonaparte a une idée qui sauve la situation, il ordonne à son sergent Junot de faire un écriteau, qu'il place lui-même à quelques pas des pièces, sur lequel on lit : « BATTERIE DES HOMMES SANS PEUR ». Chacun se fait alors gloire de servir sous ce nom.

Pendant les journées du 14, 15 et 16 décembre, nos canons font feu continuellement et l'ennemi est obligé d'évacuer sa redoute.

Le moment est enfin venu d'agir, mais un orage affreux s'est déchaîné, il

Le fort Balaguier

Le village de la Seyne

semble que le ciel prenne parti contre les assaillants tant le vent et la pluie font rage. La nuit est si noire qu'on ne voit pas à se conduire.

Dugommier hésite à se mettre en marche. L'obscurité favorise nos adversaires et empêche tout combat, cependant Bonaparte et les représentants le pressent d'agir et de braver les éléments. Notre armée divisée en quatre colonnes arrive vers minuit au petit village de la Seyne. La plus forte commandée par Laborde se dirige vers le fort Mulgrave, deux autres surveillent les mouvements des batteries de l'Éguillette et du Balaguier, la dernière reste en réserve.

La marche est lente et pénible dans les chemins détrempés par la pluie. La colonne d'élite après avoir fait une première tentative rebrousse chemin ; Bonaparte va essayer à son tour de pénétrer dans la place. Le capitaine Muiron, qui connaît parfaitement la région, lui sert de guide. Plusieurs heures s'écoulent pendant lesquelles nos soldats souffrent de l'intempérie et de l'angoisse de l'attente. Puis là-bas, au loin, une plainte monte, grandit ; ce sont des cris de douleur, d'agonie, de fureur, qui se mêlent aux hurlements du vent. Nos troupes, à ce signal lugubre, comprennent que l'avant-garde a enfin réussi à escalader les murs. Elles se mettent aussitôt en mouvement pour soutenir les combattants.

Le capitaine Muiron avait pu pénétrer dans le fort par l'embrasure d'une fenêtre et y faire passer tout son bataillon ; Bonaparte et Dugommier avaient suivi le même chemin et surpris l'ennemi par une attaque vigoureuse. Affolés, pris à l'improviste, les Anglais luttaient désespérément, l'arrivée des renforts de Laborde et de Guillon décide du combat. Les canonniers se font tuer sur leurs pièces et le reste des ennemis fuit pour se rallier non loin du fort. Ils essayent vainement par trois attaques successives de reprendre la position abandonnée mais battent en retraite et sont forcés de rembarquer lorsqu'ils voient leurs propres armes se tourner contre eux.

Malgré la mer grosse de menace, le port se couvre de chaloupes ; les éléments

L'Arsenal

déchaînés concourent à leur destruction, les vagues furieuses sont prêtes à les engloutir, du ciel descendent des torrents de pluie et le feu des batteries sème la mort et allume l'incendie à leur bord. L'ennemi a perdu 2500 hommes mais cela ne suffit pas et le jeune colonel Bonaparte, qui a déjà en tête le moyen de faire évacuer la ville, dit aux généraux :

— *Demain ou après-demain au plus tard, vous souperez à Toulon.*

Tous les forts des coalisés sont cernés et le 18 les Français les occupent.

La ville coupable est bombardée, c'est l'heure de l'expiation ! L'étranger qu'elle avait appelé à son secours est vaincu mais ne se retire pas sans avoir achevé son œuvre de destruction. Le magasin-général saute dans la soirée en produisant une détonation formidable ; au même instant des gerbes de feu jaillissent et embrasent le ciel, c'est l'arsenal qui est livré aux flammes. Le port lui-même n'échappe pas au mauvais sort jeté par une main dévastatrice. La flotte, orgueil de la population toulonnaise, va être anéantie en partie ; treize bâtiments, dont neuf vaisseaux de haut bord et quatre frégates, flambent maintenant et, pareils à des torches gigantesques, éclairent de lueurs sinistres l'eau glauque de la mer qui se dore.

Le 19, l'armée française pénètre dans la ville. Toulon ne se sentant plus soutenu par les anglo-espagnols ouvre ses portes. Les soldats qui ont eu à subir de pénibles privations pendant les semaines du siège se livrent au pillage et à des excès regrettables. Ces désordres sont heureusement vite réprimés par les ordres sévères du général en chef, qui déclare toutes les propriétés de Toulon « propriétés de l'armée. »

Les représentants du peuple ne se contentent pas du succès qui vient d'être remporté. Pour que la victoire soit complète il faut que les têtes des suspects tombent. En peu de temps, un tribunal révolutionnaire est constitué ; il recueille toutes les dénonciations, juge, condamne et fait fusiller des centaines de malheureux. Cependant les vrais coupables sont loin, tous ont émigré sur les navires ennemis. La répression est terrible, la ville n'a même plus le droit de porter son véritable nom, elle sera appelée « Port de la Montagne » et tous les édifices publics devront être rasés par un décret de la Convention.

Le rôle de l'armée est terminé, les officiers et en particulier Bonaparte restent en dehors de ces violences. Dugommier part pour les Pyrénées, son désir serait de ne pas se séparer de Napoléon, mais celui-ci est chargé de réarmer les côtes de la Méditerranée et doit rejoindre ensuite l'armée d'Italie pour y prendre le commandement de l'artillerie. Le brave général recommande au Comité de Salut public de récompenser et d'avancer ce jeune homme car écrit-il « si on était ingrat envers lui, il avancerait tout seul. »

Rude. — Le Chant du départ
(haut relief de l'Arc de Triomphe. — Paris)

Tour de Capitello.

Jeunesse de Bonaparte

Jusqu'au siège de Toulon, Bonaparte était inconnu de tous ; rien ne l'avait désigné à l'attention publique. Sa biographie cependant ne peut manquer d'intéresser le lecteur et nous reportant une vingtaine d'années en arrière, allons nous passer rapidement en revue la jeunesse du futur général.

Né à Ajaccio le 15 août 1769 au moment où la Corse venait d'être cédée à la France, Napoléon Bonaparte grandit « au milieu du malaise général et de tous les désordres qui suivent la fin d'une longue guerre civile et l'établissement d'une domination nouvelle. Il reçoit surtout au sein d'une famille peu riche et qui s'augmente tous les ans, l'éducation de la nécessité[1] ». Le pays où ses ancêtres sont venus se réfugier après la chute de leur parti, les Gibelins, en Italie, est âpre, tourmenté, montagneux, creusé de vallées profondes dans lesquelles vivent les indigènes. Chaque *pieve*, c'est ainsi que se nomment les parties habitées et habitables de la région, compte quelques familles qui le plus souvent se haïssent et ne sont d'accord que lorsqu'il s'agit de la cause commune. « Au total ce sont des cœurs brûlants qui, pour sentir la vie, ont besoin d'aimer ou de haïr avec passion. » Pascal Paoli avait su, pour quelque temps, faire taire les vieilles rancunes et oublier les intérêts particuliers de ses compatriotes en les groupant autour de l'idée de la lutte contre les tyrans, de la guerre pour la liberté et l'autonomie de la patrie. Charles Bonaparte, le père de Napoléon, noble par sa naissance, doué d'une intelligence vive et d'un esprit éclairé, était un de ses partisans les plus fervents, un des patriotes les plus acharnés. On le vit lutter pour l'affranchissement de la Corse d'abord contre Gênes, sans se soucier que l'Italie avait été le berceau de sa famille, et ensuite contre la France. Sa jeune femme, Letizia Ramolino, le suivit partout où le conduisit son devoir. Après la défaite de Ponte-Novo, malgré la cruelle désillusion qu'il venait d'éprouver, il essaya encore de réagir et de soulever la population contre les Français ; il se rendit à Niolo, puis toujours accompagné de Clemente Paoli le

[1] Stendhal.

frère de Pascal Paoli, gagna Vico. Enfin lorsque tous les efforts restèrent vains et que les deux frères Paoli se furent exilés, Charles Bonaparte revint à Ajaccio. Letizia n'avait pas quitté son mari pendant tout le temps de l'expédition, malgré tous les périls qu'elle avait eu à courir et les fatigues de toutes sortes qu'il avait fallu endurer, elle n'avait pas faibli. Épouse admirable, elle est une mère remarquable par les leçons qu'elle donne à ses enfants. Bonaparte n'entend parler pendant toute sa première jeunesse que de dévouement, d'héroïsme, de « la lutte d'une grande force contre une autre grande force ». Jusqu'à l'âge de dix ans, l'enfant subit l'influence douce et ferme de sa mère qui corrige ce qu'il y a en lui de trop violent et de trop volontaire. Il reconnaîtra plus tard que c'est à elle qu'il doit ses bons principes, sa fortune et tout ce qu'il a fait de bien.

Bonaparte à Brienne. — Tableau d'Horace Vernet.

Le vieil oncle de la famille, l'archidiacre Lucien, frappé de la vivacité d'esprit, de l'intelligence active et de la volonté tenace de son plus jeune neveu, se plaît à lui donner les rudiments de l'instruction. Mais en 1778, Charles Bonaparte, qui est au mieux avec le Gouverneur de l'île, est envoyé à Paris comme député de la Province. Il embarque le 15 décembre pour la France emmenant avec lui deux de ses fils Joseph et Napoléon. Ce dernier entre à l'École royale militaire de Brienne, le 15 mai 1779. Pendant cinq années il étudie âprement car il s'agit pour lui de devenir apte à gagner sa vie. Silencieux, appliqué, toujours occupé à lire, il se fait bientôt distinguer par ses maîtres. Ses compagnons, qui ont commencé par le détester à cause de son caractère sombre, de son air concentré et de ses manières peu communicatives, subissent malgré eux son ascendant; ils reconnaissent sa supériorité et se plient à ses volontés. Pendant l'hiver, Bonaparte organise dans la cour de l'école toute une place fortifiée avec de la neige, ses camarades travaillent sous ses ordres, lui, commande, surveille la construction puis les redoutes terminées se charge de diriger

Porte de l'École de Brienne.

les attaques. A côté de ces traits de caractère on en trouve d'autres assez curieux ; c'est ainsi que doué d'une sensibilité profonde, d'un amour-propre et même d'une fierté ombrageuse, Bonaparte ne peut supporter l'humiliation. Un jour, son maître l'ayant condamné pour une peccadille à porter l'habit de bure et à dîner à genoux au seuil du réfectoire, il fut pris de vomissements et d'une violente crise de nerfs. Le supérieur qui passait à ce moment le releva, le soigna et reprocha au professeur sa brutalité. Le Père Patrault, professeur de mathématiques, accourut aussi pour soustraire son meilleur élève au déshonneur qu'on voulait lui infliger.

Bonaparte travaille avec ardeur à devenir le premier de l'école, il laisse de côté les beaux-arts, le latin et la littérature qui n'ont pour lui que peu d'intérêt, pour se donner tout entier à l'étude de l'histoire et des mathématiques. Il dévore les œuvres de Plutarque, classe dans sa mémoire fidèle les événements qui se sont passés dans les différentes nations, note ce qu'il y a de généreux et de noble dans la vie des empereurs ou des héros du temps jadis et puise ainsi à la source antique, le suc vivifiant de l'enthousiasme pour la gloire et de l'amour pour tout ce qui est héroïque.

En 1784, il quitte Brienne pour entrer à l'École militaire de Paris où il est admis grâce à une note laissée par le chevalier de Kéralio, inspecteur des écoles militaires. Celui-ci malgré l'avis des Pères Minimes l'avait jugé digne de cette faveur.

— Je sais ce que je fais, répondit-il aux moines qui objectaient la faiblesse de l'élève en langue latine, j'aperçois ici une étincelle qu'on ne saurait trop cultiver.

M. de Regnault, qui lui succède après sa mort, exécute sa volonté au sujet du jeune Napoléon. Le 1ᵉʳ novembre de l'an 1784, Bonaparte est installé comme cadet-gentilhomme et boursier à l'École militaire de Paris. Il revêt aussitôt l'uniforme, qui, nous dit M. Chuquet, se compose depuis le dernier règlement, d'un habit bleu à collet rouge et à doublure blanche avec des galons d'argent, d'une veste et d'une culotte en serge minorque et d'un col où l'administration prévoyante a fait mettre du cuir au lieu de carton. Le tout se complétant d'un chapeau brodé d'argent ou garni d'un bord de poil de chèvre et d'un bouton d'uniforme.

Inscription de la porte de l'École de Brienne.

Pendant toute une année, Bonaparte se plie à la discipline sévère de la maison. Il travaille sans cesse, médite souvent, et peu à peu se départit de son humeur sombre et de sa sauvagerie. Le milieu militaire dans lequel il vit, modifie son caractère, le rend plus souple. Il ne perd rien de sa fermeté, de son énergie, mais devient plus communicatif et se lie plus facilement avec ses camarades.

Le 24 février 1785, la mort de son père vient le frapper douloureusement. Charles Bonaparte expire à Montpellier dans d'horribles souffrances causées par un cancer à l'estomac. Dans son délire on l'entendait souvent dire :

Petit canon de démonstration, ayant appartenu au capitaine royal d'artillerie Dupuy de Bordes, professeur de Bonaparte (Collection Carrière)

— Où est Napoléon? Où est mon fils? lui dont l'épée fera trembler les rois, lui qui changera la face du monde! Il me défendrait de mes ennemis! Il me sauverait la vie!

Malheureusement Bonaparte ne peut assister aux derniers moments de son père. Depuis son départ d'Ajaccio il ne l'avait vu qu'une fois le 21 juin de l'année 1784 à Brienne et il ne devait pas le revoir.

La date du concours général des aspirants officiers approche et il faut que le jeune Bonaparte éloigne de lui la douleur pour se plonger dans l'étude des quatre volumes du cours de mathématiques de Bezout. L'examen a lieu entre le 6 et le 12 septembre; interrogé par Laplace, il est admis quarante-deuxième sur cinquante-huit, mais a l'avantage de recevoir une lieutenance en second sans avoir été élève.

Nommé à Valence, Bonaparte quitte l'école le 28 octobre et en compagnie de deux de ses camarades, Desmazis et Dalmas, va rejoindre sa garnison en passant par Fontainebleau, Sens, Joigny, Auxerre, Vermenton, Saulieu, Autun, Châlons-sur-Saône et Lyon où il prend le coche d'eau qui l'amène à destination.

« Le régiment de La Fère où il entre est un des meilleurs de l'arme[1]. » Il y débute d'abord comme simple canonnier afin d'apprendre la pratique, puis monte en grade et au bout de trois mois est nommé officier. Ses douze cents livres fournies par l'État, la Province et l'École militaire lui permettent tout juste de vivre. Il habite une chambre d'une modeste maison située à l'angle de la Grande-rue et de la rue du Croissant et prend pension à l'Auberge des Trois Pigeons tenue par Charles Gény, rue de la Pérollerie. La jeunesse et la gaîté chantent dans son âme. En dehors du travail et de l'étude de son métier il se laisse aller au plaisir de la camaraderie; il rédige avec verve un projet de Constitution pour la société de la Calotte, formée par les lieutenants et sous-lieutenants du régiment et fait ses débuts dans la société. Son professeur de danse et de maintien, M. Dautel, n'arrive pas, malgré tous ses efforts, à lui donner l'aisance de manières que doit avoir tout homme du monde. Les dames de Valence l'accueillent cependant avec bienveillance; son teint maladif, ses yeux profonds et l'accent sonore de son pays attirent la sympathie.

[1] Chuquet.

Mme Grégoire du Colombier, femme d'esprit, à qui l'abbé de Saint-Ruf le présente, l'invite, s'attache à lui, lui donne des conseils et le recommande à l'abbé Raynal. Encouragé par le philosophe, Bonaparte écrit une histoire sur la Corse puis traite, sous un pseudonyme, le sujet d'un concours de l'Académie de Lyon : « *Quels sont les principes et les institutions à inculquer aux hommes pour les rendre le plus heureux du monde ?* » Son discours est couronné.

Malgré ses premiers succès Bonaparte n'oublie pas sa patrie, rien, ni ses occupations, ni l'agrément de la vie militaire, ni même son inclination pour Mlle Caroline du Colombier, ne peut le retenir plus longtemps éloigné du sol natal. Il ne part pas aussitôt qu'il le désirait car sa compagnie, qui fait partie du second bataillon de la Fère, est envoyée à Lyon par le duc de Tonnerre, commandant en chef du Dauphiné, pour réprimer la révolte des ouvriers en soierie. Enfin le 1er septembre 1786, il quitte Valence et le 15 arrive à Ajaccio où après sept ans d'absence il revoit sa famille, sa maison, ses amis. Avec quelle joie il serre sa mère sur son cœur et le vieil oncle l'archidiacre Lucien, devenu le chef de la nombreuse famille de Charles Bonaparte. A peine débarqué, il reprend possession des endroits chers à sa mémoire, c'est la grotte sauvage du jardin de Milelli, ce sont les collines, les pâturages où paissent les troupeaux de chèvres. Les bergers le saluent, lui racontent les événements survenus dans les différentes « pieve ». Bonaparte est au comble du bonheur, l'air de Corse qui embaume, le plonge dans une douce griserie. Mais les affaires de sa famille viennent le préoccuper. Il met toute son activité à faire indemniser sa mère des frais nécessités par une certaine plantation de mûriers dont elle est concessionnaire depuis 82 et que le ministère refuse de payer. Sa réclamation l'entraîne à Paris aux bureaux de contrôle général. Il revient en Corse, sans avoir obtenu gain de cause, le 1er janvier 1788 avec une nouvelle prolongation de congé.

Au mois de juin Bonaparte

Valence. — Maison où habitait Bonaparte.

Grotte Napoléon.

reprend son service. Son régiment est en garnison à Auxonne il le rejoint et loge d'abord Rue Vauban, puis occupe une chambre dans un des deux pavillons de la caserne. Pendant tout l'été il souffre de la fièvre jusqu'au délire, et travaille malgré cela avec acharnement. Il suit les conférences de Lombard, trace sous la direction de Collombier le plan des systèmes Vauban et Cormontaigne, se familiarise sur le terrain du polygone avec les exercices de tir des différentes batteries et arrive ainsi, en peu de temps, à connaître parfaitement tout ce qui fait le métier d'artilleur. C'est que le jeune Bonaparte est poussé par l'ambition et la pauvreté, il se contente d'un repas par jour, mais ne peut se passer de livres et le peu d'argent qui lui reste est employé à l'achat des « Mémoires de Surirey de Saint-Remy, des Principes d'artillerie de Robins, traduits par Lombard et commentés par Euler[1] ».

Le commandant d'Auxonne, le général Du Teil, remarque le petit lieutenant, le prend en considération et le charge de construire au polygone plusieurs ouvrages exigeant de grands calculs. Il s'agit de savoir si des bombes de différents calibres peuvent être lancées, en cas de besoin, par les canons. Bonaparte étudie la question et remet un rapport qui montre de quel esprit observateur la providence l'a doué.

Le 1er avril une partie du régiment de la Fère est mobilisée pour réprimer l'émeute

[1] Chuquet.

de la population de Seurre. Bonaparte se rend dans cette ville, mais trouve l'ordre rétabli. L'insurrection n'avait rien eu de bien grave.

Une autre révolte éclate le 19 juillet à Auxonne même et, le 16 août, il assiste à une mutinerie des canonniers de son propre régiment. La Révolution commence à fermenter sur bien des points, le jeune corse a hâte de savoir quelle part prend sa petite île aux grands événements qui bouleversent la France. Il demande un congé de six mois, l'obtient et débarque à Ajaccio à la fin septembre 1789.

Bonaparte à Valence. — Tableau de L. Ageron.

Ardent républicain, il détermine ses compatriotes à prendre la cocarde tricolore, s'occupe de l'organisation d'une garde nationale et fait des démarches pour que son frère Joseph soit nommé au conseil municipal malgré son jeune âge. Il trouve même encore le temps de rédiger sa célèbre lettre à Buttafoco. Il appréhende vivement le député de la noblesse corse à l'Assemblée Constituante, lui reproche ses trahisons et pour le flétrir à jamais dans l'esprit de ses mandants, expédie d'Auxonne, où il avait rejoint son régiment, cent exemplaires imprimés de sa lettre à Ajaccio, avec l'approbation de la société patriotique de la ville.

Le 14 juin 1791, cinq mois après son retour de congé, Bonaparte est nommé premier lieutenant et envoyé à Valence. Au mois d'août, il passe quelques jours à Grenoble à l'hôtel des trois Dauphins, rue Montorge, et se rend fréquemment au club des Amis de la Constitution, siégeant dans l'ancien couvent des Jacobins, place Grenette, puis il part de nouveau pour la Corse, où il arrive au commencement d'octobre. Nommé adjudant-major d'un bataillon de volontaires on le voit successivement à Ajaccio, Calvi et Corte et le 1ᵉʳ avril il est élu lieutenant-colonel en second.

Son ambition est de faire pénétrer son régiment dans la citadelle d'Ajaccio, siège de la garnison, mais les volontaires sont très mal vus par les habitants qui les appellent paysans, alors qu'eux sont citadins. Des querelles s'ensuivent et les quatre compagnies, venues pour rétablir l'ordre dans la ville au moment de l'expulsion des capucins, sont constamment en lutte avec les gens du port. Le jour de Pâques, le 8 avril, une querelle de jeunes filles déterminant l'intervention des matelots, les volontaires accourent désarmer les combattants. Bonaparte en compagnie de plusieurs officiers se rend à l'endroit de la lutte,

Ajaccio. — Le grand Séminaire.

arrive près de la cathédrale et voit tomber à ses cotés le lieutenant Rocca Serra, mortellement atteint par la balle d'un révolté. Une émeute s'ensuit et Bonaparte essaye, mais sans succès, de profiter de l'occasion pour se faire ouvrir les portes de la citadelle.

Pendant quatre jours les habitants sont tenus en respect par le feu des volontaires établis au Séminaire. Ce n'est que dans la journée du 12 que le conseil de guerre, après avoir longuement délibéré, se décide à agir. Deux pièces de canons tirées de la citadelle sont braquées dans la direction de la tour et de la maison occupées par les gardes nationaux. Bonaparte réussit à les faire enlever en intimidant la municipalité. Il assure dans sa lettre, d'un ton plein d'autorité, que les ordres de Paoli ne lui permettent pas d'abandonner ses positions et que si dans une heure les pièces ne sont pas retirées, la municipalité sera responsable du sang versé. Les canons disparaissent et pendant quelques jours la paix succède au désordre.

Le 16 avril les commissaires du département arrivent, font leur enquête, donnent tort à la ville mais conseillent à Bonaparte de se rendre à Corte. Le jeune officier obéit, visite en passant Paoli et sur l'avis de son frère repart pour la France. Une terrible accusation pèse sur lui ; Peraldi, son pire ennemi le dit être l'artisan des désordres qu'il a réprimés. Il se rend à Paris et assiste de la Terrasse du bord de l'eau à la révolte du 20 juin. Ce peuple grossier et exalté qui ne respecte rien, envahit les appartements du roi et le force à se coiffer du bonnet rouge, lui cause une sorte d'horreur, d'aversion.

La journée du 10 août lui inspire les mêmes sentiments, il voit du Carroussel, l'attaque des Tuileries et s'étonne que cette meute hurlante ne soit pas balayée et dispersée par des boulets de canon. Le manque d'autorité du gouvernement, l'anarchie qu'il constate font naître en lui des aspirations nouvelles.

— Ne soyez pas inquiets de vos neveux, écrit-il à un de ses oncles, ils sauront se faire place.

Il revient en Corse au mois d'octobre et l'expédition de Sardaigne est décidée peu de temps après. L'amiral Truguet commandant l'escadre s'emparera de Cagliari pendant que le colonel Cesari dirigera la contre-attaque de la Madeleine.

Bonaparte s'embarque avec son bataillon afin d'aller disputer la possession de la petite île aux Sardes qui l'avaient envahie en 1767 et y étaient demeurés au grand mécontentement des habitants. L'attaque marchait à souhait lorsque l'attitude des matelots de la corvette oblige Cesari à ordonner la retraite. L'équipage menaçant à chaque instant de mettre à la voile et d'abandonner les volontaires, il est impossible de continuer les opérations. Bonaparte rentre à Ajaccio.

Le pays est dans la plus grande agitation, Paoli le « babbo » de la Corse est soupçonné, par le comité de défense générale, d'être favorable aux Anglais. Toute la Province, soulevée par son ancien ami Saliceti et par Arena, lui est hostile et l'accuse de trahison et de tyrannie. Soutenu par le Conseil général et par les paysans, Paoli tient tête vaillamment à ses calomniateurs, mais le 2 avril, sur la foi d'une dénonciation de Lucien Bonaparte à la Société républicaine de Toulon, la Convention décrète que Paoli devra être mis en état d'arrestation. A cette nouvelle les insulaires se récrient, protestent, attestent la fidélité de leur libérateur aux idées républicaines. Corte, Calvi et Cervione s'insurgent, les paysans prennent les armes. Les Bonaparte, bien que du parti Saliceti, pensent comme beaucoup que la Convention aurait dû attendre, pour prononcer son jugement, le rapport des commissaires qu'elle avait envoyés. Bonaparte craignant la revanche des Paolistes tente de se rapprocher du « babbo », mais il échoue, son nom étant trop étroitement lié à celui de Saliceti qu'on rend responsable de tous les désordres. Il se résout alors à quitter Ajaccio et à partir pour Bastia. Il est arrêté en chemin par des paysans paolistes qui le font pénétrer dans une maison et l'y enferment. Le voilà prisonnier, mais pas pour longtemps ; il s'échappe par la fenêtre et se réfugie à Ucciani. Le jour suivant il se cache dans la grotte du jardin de son oncle Paravicini puis trouve asile chez l'ancien maire de la ville, Levie, son cousin. Enfin après avoir couru bien des risques et manqué d'être pris par la gendarmerie, Bonaparte réussit à s'enfuir en barque. Il arrive à Bastia après avoir abordé à Macinaggio et passé par Rogliano.

La Consulte réunie à Corte voue la famille des Arena et des Bonaparte à l'infamie et à la haine publique. Leur maison est pillée et Letizia s'enfuit sur le rivage avec ses enfants. Napoléon venu avec les commissaires de la Convention pour tenter une dernière fois de s'emparer d'Ajaccio est surpris de trouver sa mère et ses sœurs près de la tour de Capitello. Il les emmène en chaloupe à bord de l'escadre où elles sont en sécurité et le

Ajaccio. — Maison des Bonaparte.

cœur plein de haine pour ce Paoli qui les expatrie, s'occupe du bombardement de sa ville natale. L'expédition échoue, il s'embarque le 2 juin pour Calvi où il retrouve sa famille qu'il conduit ensuite à Toulon. Letizia s'installe à la Valette et son fils rejoint son régiment à Nice.

Nous avons vu comment Bonaparte réussit à chasser les Anglais de Toulon. Chargé de réarmer les côtes de la Méditerranée depuis Marseille jusqu'à Nice, il passe l'inspection des batteries pendant les mois de janvier et février et étudie les positions de l'armée d'Italie. Le général Dumerbion qui en a le commandement, souvent cloué au lit par la goutte, ne peut guère s'occuper de ses troupes. Bonaparte devenu général, s'inquiète et soumet un plan au conseil de guerre qui l'approuve. Grâce aux mouvements combinés de l'armée des Alpes et de l'armée d'Italie, la partie montagneuse qui s'étend jusqu'aux Apennins est débarrassée des Austro-Sardes. Oneille est enlevée aux Anglais et Saorgio abandonnée aux Français. Pour que la victoire soit complète, il faut que la flotte britannique évacue Vado et que Gênes puisse communiquer librement avec Marseille.

Une colonne autrichienne établie sur la Bormida, à Dego, menace d'opérer sa jonction avec les Anglais de Vado. Pour éviter ce mouvement Bonaparte juge nécessaire de s'emparer des positions de St-Jacques, de Montenotte et de Vado. Il se met à la tête de l'armée, pénètre dans le Mont-Ferrat en suivant la chaussée de la Bormida et croit tomber sur les derrières de l'armée autrichienne, mais celle-ci se replie sur Cairo et Dego. Cervoni poursuit l'ennemi qui prend la route d'Acqui et Dumerbion établit la ligne de communication entre Gênes et la Provence.

Le plan du général a donc pleinement réussi.

Au même moment, la Corse est livrée à l'Angleterre par Paoli qui voit dans cette trahison son seul moyen de salut. Arrêté par la Convention il appelle à lui les Anglais, croyant qu'en reconnaissance de ce service la vice-royauté de l'île lui sera octroyée. Trompé dans ses espérances il s'embarque pour Londres où il finit tristement ses jours, pensionné par le roi.

Le 9 thermidor 1794 la chute de Robespierre, de Couthon et de St-Just amène une véritable réaction en France. La guillotine abat les têtes par grappes. Bonaparte lui-même est arrêté. La Convention l'accuse : 1° d'avoir voulu relever les forts St-Jean et St-Nicolas, alors qu'il n'avait fait que dresser un plan de défense pour garantir les magasins de poudre de la fureur populaire ; 2° d'avoir fait échapper des émigrés amenés à Toulon par un corsaire ; 3° d'avoir eu de bonnes relations avec Robespierre jeune.

Un seul de ces trois prétendus crimes suffisait pour être condamné, Bonaparte réussit néanmoins à se soustraire à la vengeance des triomphateurs, mais de nouvelles difficultés l'attendent. Le capitaine d'artillerie Aubry arrivé au ministère de la guerre, en profite pour élever tous ses amis et abaisser tous ceux qui ont quelques chances de succès.

Bonaparte se voit retirer le commandement de l'armée d'Italie et donner en échange celui d'une brigade d'infanterie dans la Vendée. Mécontent il se rend immédiatement à Paris pour faire valoir ses droits. Son entrevue avec le ministre est plutôt orageuse. Aubry s'obstine dans sa résolution et Bonaparte qui a déjà aperçu les premiers scintillements de son étoile, se défend avec obstination contre sa mise en réforme.

— Mais vous êtes trop jeune, objecte le ministre qui n'a jamais été au feu ; il faut laisser passer les anciens.

— On vieillit vite sur le champ de bataille, réplique vivement Bonaparte et j'en arrive.

Aubry reste sourd à sa juste réclamation et le Comité de Salut public lui intime l'ordre de se rendre à l'armée de l'Ouest. Bonaparte n'obéit pas et rentre dans la vie privée. Comme il n'a rien volé, nous dit Stendhal, et qu'on le paie, si on le paie, en assignats qui n'ont que peu de valeur, il tombe bientôt dans une gêne extrême, et se voit forcé pour subvenir à ses besoins de vendre sa voiture, ses livres et sa montre. Fort heureusement le représentant Boissy-d'Anglas le signale à l'attention du nouveau président du comité de la guerre, M. de Pontécoulant. Celui-ci, frappé des facultés du jeune officier, l'attache au bureau topographique. C'est là que Bonaparte élabore le fameux plan de la campagne d'Italie qui fera sa gloire mais que ni Schérer ni Kellermann ne se sentirent capables d'exécuter.

Journée du 13 Vendémiaire

Après avoir douloureusement oscillé pendant l'année 1795 et tenté plusieurs fois de reprendre le pouvoir, la Convention, lasse d'avoir tant lutté et tant vécu, annonce qu'elle dépose sa dictature. Sa détermination n'étonne personne, « aussitôt qu'un gouvernement n'est plus indispensable tout le monde en sent la gêne »[1]. Avant de disparaître elle donne encore à la France la Constitution de l'an III par laquelle elle lègue à un Directoire, composé de cinq membres, le pouvoir exécutif et aux conseils des Anciens et des Cinq Cents, le pouvoir législatif. Cependant, désireuse de continuer son influence, l'Assemblée décrète le 5 fructidor (22 août) que les deux tiers du corps législatif seront pris parmi les conventionnels, et que ces lois de renouvellement nommées « Lois additionnelles » seront soumises à l'acceptation du peuple comme partie intégrante de la Constitution.

Cette déclaration détermine dans Paris une véritable fermentation. Bien des espérances se fondaient sur le changement de pouvoir et les royalistes qui voyaient le triomphe de leur parti dans la chute de la Convention, se trouvant cruellement déçus, se mettent à intriguer et à soulever les sections. Quarante-huit s'insurgent et envoient leurs députés protester à la barre de la Convention contre la mise en vigueur des décrets. Celle-ci ne s'émeut pas et proclame le 23 septembre l'acceptation des lois additionnelles par les Assemblées primaires. La guerre est ouverte ; le 24 septembre, les députés électeurs se réunissent en assemblée à l'Odéon, le 10 vendémiaire (2 octobre), les forces de la Convention viennent les disperser.

[1] Stendhal.

Citadelle d'Ajaccio.

La section Lepelletier siège au couvent des filles St-Thomas, les troupes commandées par le général Menou se mettent en devoir de faire exécuter le décret ordonnant la suspension des séances des sectionnaires et l'évacuation du couvent. Les commissaires ne parviennent pas à se faire obéir, le comité proteste contre sa dissolution et déclare avoir le droit de réunion, étant le représentant même du peuple.

L'artillerie, l'infanterie et la cavalerie qui s'étaient entassées dans la rue de Vivienne se buttent à la résistance opiniâtre des gardes nationaux et Menou se voit forcé de capituler.

Fière de son succès la section crie bien haut sa victoire et pousse les autres à la révolte.

Bonaparte qui se trouve à une représentation du théâtre Feydeau est prévenu des événements, il accourt aussitôt sur les lieux et constate la retraite de l'armée. Désireux de voir quelle tournure prendront les choses il se rend en toute hâte aux tribunes de la Convention. L'assemblée est tumultueuse, les commissaires craignant d'être accusés rendent Menou responsable de toutes les fautes commises et Menou est arrêté.

Les orateurs se succèdent à la barre, ils déclarent qu'il faut prendre des mesures immédiates pour parer au danger qui devient de plus en plus menaçant et trouver un homme capable d'arrêter les mouvements des sections. Bonaparte entend qu'il est proposé pour le commandement de l'armée conventionnelle ; il réfléchit, se demande s'il se posera en défenseur du gouvernement ou s'il prendra le parti du peuple puis finalement se décide à accepter l'offre qu'on va lui faire. Il se rend au Comité de Salut public et déclare qu'il est prêt à agir, mais agir seul. Il n'accepte pas de subordonner ses actes au bon vouloir des commissaires. On nomme alors le conventionnel Barras commandant en chef et Bonaparte commandant en second. En réalité c'est lui qui prend la direction de l'armée et assume toutes les responsabilités.

Son premier soin est d'aller visiter Menou aux Tuileries pour s'entretenir avec lui des moyens de défense dont il dispose. Il apprend ainsi que l'armée se compose de cinq mille hommes et que l'artillerie, forte de quarante pièces seulement, est parquée aux Sablons. Murat reçoit l'ordre de s'y rendre avec trois cents chevaux et de ramener aux Tuileries le parc trop exposé à une surprise des sectionnaires. Le chef d'escadron arrive aux Sablons à deux heures du matin au moment même où la colonne Lepelletier allait s'emparer des canons.

Aussitôt l'arrivée de l'artillerie, Bonaparte organise la défense, dispose ses troupes et place ses pièces « à la tête du pont Louis XVI, du pont royal, de la rue de Rohan, du cul-de-sac Dauphin, du pont Tournant et de la rue St-Honoré. » Son effectif est encore augmenté par les patriotes de 89 que commande le brave général Berruyer.

A neuf heures, les préparatifs sont terminés mais les troupes attendent le signal de l'attaque. Dans tous les quartiers de Paris, les Sectionnaires font battre la générale et rassembler les troupes. A trois heures un envoyé de Danican est amené au Comité, les yeux bandés. Il vient offrir la paix à des conditions tellement inacceptables qu'on ne lui répond même pas.

Bonaparte pousse la prévoyance jusqu'à munir les membres de la Convention de fusils et de poudre.

Enfin vers quatre heures la fusillade commence. Les sections, balayées de la rue St-Honoré, chassées de leur position de St-Roch par les boulets des conventionnels, essayent encore de former une colonne et de déboucher par le pont Royal, mais la mitraille projetée par les pièces établies à l'entrée du pont et sur le quai des Tuileries, les force à se disperser,

A six heures la lutte est terminée, quelques coups partent encore de loin en loin, il n'y a plus de blessés, les canons étant chargés à poudre, par ordre du général Bonaparte.

Le lendemain 14 Vendémiaire les derniers rassemblements se dissolvent et Paris rentre dans l'ordre.

La Convention est sauvée au prix de trois à quatre cents morts.

A la suite de cette mémorable journée Bonaparte est élevé au grade de général de division puis après l'établissement du Directoire il est nommé à la place de Barras qui ne peut cumuler toutes les fonctions, général en chef de l'armée d'Intérieur. Le voilà tout à fait populaire, il organise la garde nationale du corps législatif et constituera plus tard celle du Directoire. Pendant les mois de novembre, décembre, janvier et février, on le voit souvent, monté sur un maigre cheval, parcourir les rues de Paris, interpeller les mécontents, maintenir par sa seule présence, l'ordre et le calme dans la capitale. La tâche cependant ne lui est pas toujours facile car la population souffre de la famine et du discrédit des assignats.

A côté de la misère publique s'étale le faste et la corruption des salons. Bonaparte fréquente celui de Barras devenu son ami. « Il assiste à des bals bizarres où se heurte dans des contre-danses échevelées avec force entrechats et jetés-battus, une société étrange, pêle-mêle de grandes dames déchues, de veuves d'émigrés, de français et d'étrangers, ou

ROSE IOSÉPHINE BONAPARTE
NÉE DE LA PAGERIE

LE GÉNÉRAL BONAPARTE

tous hommes et femmes, dupeurs et dupés, voleurs et volés, directeurs et dirigés, dansent, s'ébattent, s'amusent, ripaillent comme à la tâche.[1] » Que vient faire le pauvre général Vendémiaire dans ce temple du plaisir? que vient-il chercher auprès de la belle Mme Tallien?

Ce ne sont certes pas les divertissements qui l'attirent mais ce sont les faveurs et les distinctions que distribue avec grâce la favorite du Directeur. Il obtient de la reine de la République, nous dit l'auteur de La Générale Bonaparte, deux aunes de drap militaire pour se faire confectionner un uniforme neuf. C'est peu de chose, mais les temps sont durs et le général s'en estime fort heureux.

Pourquoi d'ailleurs ne le serait-il pas? il est le « Héros du Jour » les femmes, loin de s'effaroucher de son habit râpé, de son air sombre et de son regard profond, font cercle autour de lui, et lui témoignent leur admiration pour la valeur et l'énergie qu'il a déployées le jour de l'insurrection. « Petit de taille, mais droit et svelte il porte dans son maintien un mélange de décision de brusquerie, de gravité qui empêche de voir en lui un jeune homme vulgaire[2] ».

Son auréole de gloire le fait bientôt remarquer de la citoyenne Beauharnais, la jolie veuve du général guillotiné à la suite de la perte de Mayence. Par sa grâce languissante et ses allures souples de créole, Joséphine, qui désire ardemment se remarier, réussit à s'insinuer dans le cœur de l'officier et à le rendre en peu de temps éperdument amoureux. Bonaparte, qui ne doute pas un instant de la réciprocité de ses sentiments, arrive à ne plus pouvoir se passer de la voir. Il ne songe pas à la disproportion de son âge et de celui de sa fiancée, qui est mère de deux enfants, il ne voit au monde qu'une femme, celle qu'il aime et demande en mariage dans le courant de janvier 1796.

Cette bonne Joséphine, arrivée à ses fins, demeure indifférente à l'amour qu'elle a provoqué. C'est sans aucun empressement qu'elle accorde sa main à Bonaparte; on peut

[1] Turquan.
[2] M. de Salvandy.

même dire qu'elle se laisse tranquillement épouser le 9 mars 1796, à la mairie du deuxième arrondissement. Mais elle n'est pas importunée longtemps par les prévenances de son mari. Bonaparte, nommé général en chef de l'armée d'Italie, est obligé de rejoindre son armée deux jours après son mariage. Le cœur plein d'ardente passion, de désir de gloire et d'ambition, le jeune chef quitte Paris, sa femme et la France pour aller où le devoir et l'avenir l'appellent, au pays d'harmonie, de beauté, qui pendant des siècles enfanta des merveilles et fut le clair flambeau auquel les peuples vinrent puiser la divine lumière de la civilisation, de la poésie et des arts.

Départ de Bonaparte. — Tableau de L. Ageron.

Nice. — L'entrée du port et la route de la Corniche.

CAMPAGNE D'ITALIE
(1796-1797)

I
Lutte contre l'armée austro-sarde

ALBENGA
Bonaparte prend le commandement de l'armée d'Italie

Bonaparte arrive à Nice le 27 mars pour prendre le commandement de l'armée d'Italie. Ce n'est pas une armée qu'il y trouve, c'est une bande de gueux, de pillards en guenilles, laids à faire peur avec leurs faces blêmes, que deux orbites creusent démesurément. Sans souliers, sans pain, sans armes, ces hommes vont conquérir l'Italie ; les officiers sans solde ne se distinguent guère des soldats, bivouaquant comme eux dans les creux des rochers, dormant sur la

**Je veux vous conduire dans les plus fertiles plaines du monde
vous y trouverez gloire, honneur et richesses.**

Nice. — Place de la République.

paille, mangeant d'aventure, ils n'ont plus que leur grade. Et cependant, ces hommes, dépourvus de tout, vivant comme des bêtes dans des tanières, se rient de leur misère, de leurs souffrances. Jeunes, ils sont gais, pleins de courage et animés du plus ardent patriotisme. Ce sont les enfants de la Révolution et celui qui va les mener à la gloire, celui qui couvrira de lauriers et de trophées ces va-nu-pieds, est un petit homme corse, maigre, sec, au visage de cire, aux yeux de braise, dont la parole brûle et enflamme les cœurs. Il n'a qu'à paraître et les soldats sentent qu'ils ont trouvé leur maître. Il ne leur fait pas de discours, il les interpelle :

« Soldats ! vous êtes nus, mal nourris ; le gouvernement vous doit beaucoup, il ne peut rien vous donner. Votre patience, le courage que vous montrez dans ces rochers, sont admirables ; mais ils ne vous procurent aucune gloire ; aucun éclat ne rejaillit sur vous. Je veux vous conduire dans les plus fertiles plaines du monde. De riches provinces, de grandes villes seront en votre pouvoir, vous y trouverez honneur, gloire et richesses. Soldats d'Italie ! manqueriez-vous de courage ou de constance ? »

Non, certes, ils n'en manquent pas, ils tourneront tous les obstacles, franchiront les fleuves, écraseront l'ennemi, guidés par leur jeune chef.

Les généraux : le grand et rusé Masséna, Augereau le colosse au bec de faucon, à l'aspect crâne et martial, Sérurier l'aristocrate et Laharpe le fameux grenadier, rient ou haussent les épaules à la pensée de l'entrevue qu'ils vont avoir avec le petit gringalet de Bonaparte. Ce n'est pas sans curiosité qu'ils attendent le jour de son arrivée.

Albenga.

Parti de Nice le 2 avril, Bonaparte arrive au quartier-général trois jours après, le 5 il est à Albenga et réunit son état-major.

Quelques ordres donnés d'une voix brève et saccadée, un coup d'œil scrupteur, et c'est tout.

Les anciens, les officiers ont compris, il faudra obéir et plier. En face

Savone.

Soldats d'Italie ! manqueriez-vous de courage et de constance ?

Gênes. — Vue du port.

de nos troupes faméliques et malheureuses, campe l'armée austro-piémontaise. Les Impériaux, commandés par le feld-maréchal Beaulieu, sont pourvus de tout, de bons gros canons et autres pièces d'artillerie. Ils sont munis en plus, d'une cavalerie éprouvée pour toutes les manœuvres à faire en pays plat, mais encombrante au possible pour la lutte qui va s'engager dans les gorges ou les étroites vallées des Appenins. Le vénérable Beaulieu, lui aussi, n'est pas habitué à combattre sur un terrain aussi peu uniforme que celui de l'Italie, et il va être tout dérouté de ne pas pouvoir déployer ses belles et imposantes colonnes, selon le plan qu'il a dressé à l'avance. L'armée active de Sardaigne, forte de 25.000 Piémontais, habituée à la structure du pays, formée de soldats bien disciplinés, aurait été un bon instrument si elle avait su ou pu coordonner ses mouvements à ceux de son alliée. Malheureusement, Beaulieu et Colli agissent séparément ; l'un veut protéger Turin, l'autre ne songe qu'à couvrir Milan et la Lombardie. Ce n'est pas le moyen de s'entendre, et au lieu de se fondre et de lutter en masse contre l'ennemi envahissant, ces deux forces s'éparpillent et se nuisent.

Voilà donc un premier avantage pour les Français ; Bonaparte saura profiter de la dualité de ses adversaires. Son plan est d'empêcher la jonction des deux armées alliées, de se placer entre elles et de les battre alternativement.

MONTENOTTE

Le 10 avril, la campagne commence; il faut distraire Beaulieu par une attaque simulée de Gênes, afin de permettre à nos troupes d'isoler leurs deux adversaires. Bonaparte envoie donc Laharpe à Voltri, pendant que Sérurier s'avance d'Ormea à Garessio pour occuper et surveiller les Piémontais, dont le quartier-général est établi à Ceva. Le général en chef ayant sous sa main les divisions Augereau et Masséna, se place en face du Col de Cadibone, à Savone, prêt à agir.

Beaulieu s'alarme, Gênes est en péril; vite, il divise son armée. Colli défend le Piémont et forme la droite, le centre est confié à d'Argenteau, dont le quartier-général est à Sassello, les troupes françaises pourront ainsi être prises de flanc lorsque elles marcheront sur Gênes, enfin, lui-même, ayant sous ses ordres 10 bataillons et 4 escadrons, se met en marche, passe le col de la Bocchetta et le 10 attaque la brigade Cervoni, de la division Laharpe. Ce mouvement suffit à Bonaparte qui ordonne immédiatement à Laharpe de revenir; celui-ci, après avoir allumé de grands feux, pour tromper l'ennemi, bat en retraite dans la nuit.

Au même moment, d'Argenteau s'avance et ne trouvant sur son passage qu'une poignée d'hommes, la division Rampon, tente de forcer la redoute de

La Route du Col de Cadibone. — Côté de Savone.

Affrontez la mort et vous l'éviterez.

La Bormida à Cairo.

Monte-Legino. Mais il se heurte à une résistance héroïque et attend le lendemain pour recommencer l'attaque. Dans la nuit du 11 au 12, Laharpe est dépêché pour renforcer la division menacée, Augereau et Masséna se mettent en marche pour tourner le centre autrichien par le col de Cadibone.

Une brume intense permet aux troupes de s'approcher du camp ennemi sans que rien ne trahisse leur présence. Ce n'est que vers cinq heures du matin que le ciel, s'étant brusquement éclairci, montre aux Autrichiens ébahis, les colonnes françaises qui les cernent. Laharpe se précipite tête baissée sur le front de l'ennemi à Montenotte. Sous la violente poussée, les Autrichiens faiblissent un instant, bientôt, se reprenant, ils attaquent à leur tour. La petite division va être pulvérisée ! Mais non, voici du renfort, Masséna arrive au pas de course, envoyé par Bonaparte. Du haut d'un mamelon, le jeune général regarde et rien n'échappe à son œil perçant. Sa vue, qui embrasse le champ de bataille tout entier, lui permet de juger l'ensemble des manœuvres. Son idée est de serrer son ennemi comme dans un étau ; il donne des ordres pour que les colonnes s'avancent en même temps et agissent avec ensemble.

Les régiments croates et hongrois, au contraire, restent immobiles, et, pareils à des automates, chargent, visent, tirent avec une régularité admirable des hauteurs où ils se sont placés.

Les Français montent à l'assaut. Comme le flux de la mer, Bonaparte voit son flot dépenaillé de soldats s'élever, s'accrocher aux aspérités de la montagne.

L'ennemi ne tire plus, il attend.

Une clameur s'élève, les Français sont aux sommets et disloquent les belles rangées des Impériaux. C'est le cliquetis des armes qui s'entrechoquent, le râle des mourants, la lutte corps à corps. D'Argenteau perd la tête, une attaque menée avec cette fougue, cette célérité, le déroute; il ne sait ce qu'il doit faire, ses hommes non plus ne sont pas habitués à cette tactique toute française, pris de panique, ils fuient, battent en retraite et se replient sur Dego.

Pendant que nos généraux comptent les drapeaux arrachés aux mains ennemies, les pièces de canons auxquelles les soldats se sont attelés, les prisonniers faits pendant cette première journée, Beaulieu arrive à Voltri à la tête de ses 10 beaux bataillons. De Français il n'en trouve point. Personne à combattre! voilà qui est étrange. Le feld-maréchal n'apprend que le lendemain la victoire de nos troupes et l'échec qu'il vient d'essuyer. Il se dirige immédiatement sur Dego; la pluie a détrempé les chemins, son carrosse se brise, il est précipité dans la boue. Abattu par tant de mauvaise chance, endolori, le malheureux

Ruines du château de Cosseria.

Vue générale des montagnes de Millesimo.

vieillard se lamente et pense au « giovinastro » dont il riait quelques jours auparavant. Son jeune adversaire capte la Victoire dans ses mains puissantes et nerveuses, il la serre dans ses griffes d'aigle et la fait prisonnière des Français. Si elle essaie de fuir vers le camp ennemi, son évasion n'est que de courte durée, à peine un battement d'aile et la voilà de nouveau domptée, docile aux ordres de ce petit corse, comme un oiseau chétif au regard fascinateur d'une bête de proie.

MILLESIMO

Bonaparte établit son quartier-général à Carcare. Le voilà entre l'enclume et le marteau, car l'armée de Colli occupe Millesimo, celle de Beaulieu Dego, et, les hauteurs du Biestro, sur lesquelles s'égrennent un chapelet de soldats piémontais, servent de liaison entre les deux ailes. Loin de s'effrayer de sa position, Bonaparte s'en réjouit. Il a enfin réussi à séparer les alliés. Son plan est d'ouvrir la route de Turin et celle de Milan à l'armée libératrice. Il confie la gauche de ses troupes à Augereau, qui marche sur Millesimo; le centre, commandé par Masséna, va attaquer le trait d'union que forment les collines du Biestro et enlever ensuite la position de Dego aux Impériaux qui défendent la route d'Acqui et d'Alexandrie; Laharpe, enfin, dirigera la droite sur le Cairo.

Le 13 avril, la division Augereau, qui n'avait pas donné à Montenotte, force les gorges de Millesimo. A la pointe du jour, les ennemis sont refoulés;

Provera, abandonné de Colli, se réfugie avec son bataillon sur le mamelon de Cosseria et s'abrite derrière les murs en ruines du vieux château. La résistance du général ennemi n'est qu'une question d'heures, cerné par 6.000 hommes auxquels il ne peut opposer que 2.000 grenadiers, il n'a plus qu'à poser les armes ou se faire tuer. Prenant le parti le plus héroïque des deux, il se met en devoir d'organiser la défense. Enveloppé, attaqué par trois colonnes, il repousse les assaillants. L'intrépide Joubert réussit à passer avec sept hommes dans les retranchements ennemis, mais une pierre le frappe à la tête et le renverse à terre ; ses hommes le croient mort. Guéri de sa blessure, il écrivit à sa famille : « Il a fallu me sacrifier et je me suis souvenu d'avoir été grenadier ».

Les Français commencent à désespérer de s'emparer d'une si forte position, car un détachement de grenadiers sardes vient encore de les attaquer par le flanc. Le colonel Del Carretto, qui faisait une reconnaissance dans la région, apercevant la situation désespérée de Provera, accourt le renforcer ; dès lors, la lutte se fait plus chaude, le combat plus acharné, chaque fenêtre, chaque trou du « castello » est hérissé de canons, de fusils, qui sèment la mort dans la masse confuse des Français cramponnés sur les flancs de la colline. Nos pertes sont considérables. Bonaparte s'irrite. Le général Banel somme Provera de se rendre.

— Vous êtes cerné, lui fait-il dire, toute résistance est inutile.

— Sachez, lui est-il répondu, que vous avez affaire aux grenadiers piémontais qui ne se rendent jamais.

Un roulement de tambour souligne cette déclaration sublime : « En avant donc ! à l'assaut ! » Les cartouches manquent aux Piémontais, les provisions s'épui-

La Bormida à Millesimo.

La Bormida à Dego.

sent, qu'importe ! A la grêle de plomb succède l'avalanche de pierres. Les ennemis détachent d'énormes blocs et des murs entiers roulent sur les pentes, écrasant les soldats, brisant les jambes des chevaux, qui tombent en hennissant de douleur. En quelques minutes nous comptons 300 morts et 600 blessés. Effrayées, les colonnes reculent ; quelques braves, cependant, s'accrochent encore aux aspérités du mamelon. Un colosse, le grenadier Génin, répondant au sobriquet de Milhomme, s'obstine ; les dernières balles passent en sifflant à ses oreilles, il relève fièrement la tête, respire fortement et continue son ascension. Les grenadiers sardes, devant cette indifférence au danger, cette bravoure indomptable, sont pris d'une soudaine sympathie pour leur frère ennemi et le prient de bien vouloir venir boire en leur compagnie. Charmé, le géant s'éponge le front, tamponne ses blessures, puis va se rafraîchir et trinquer au nom de la République avec les Piémontais. La trêve écoulée, Milhomme reprend son rang, son fusil, épaule et tire à nouveau. Cependant la nuit arrête le combat ; dans chaque camp, on relève et reconnaît les cadavres. A l'horrible carnage, succède la douceur du repos. Français et Piémontais boivent à la même gourde, partagent le même biscuit et dorment presque côte à côte. Le lendemain matin, Augereau fait une troisième et dernière sommation à Provera, et lui donne un quart-d'heure pour se décider. S'il n'accepte pas, ses soldats seront passés au fil de l'épée. Le général capitule, mais demande à ce que ses officiers et sous-officiers puissent partir librement, il recommande enfin à la générosité des Français les prisonniers qu'il abandonne.

Ménard et Joubert se sont rendus maîtres des hauteurs du Biestro, il ne reste donc plus que la position de Dego à enlever.

DEGO

Avant de procéder à l'attaque, Masséna, suivant l'ordre de Bonaparte, tente une reconnaissance et arrivé au Coletto, tire quelques boulets. Les Autrichiens ripostent de toutes leurs pièces, montrant nettement les forces dont ils disposent. Ces forces ne sont pas considérables, car d'Argenteau se soucie peu de la défense de Dego ; Beaulieu lui envoie des renforts et le conjure de résister jusqu'à la dernière extrémité aux troupes françaises, de ne pas abandonner une position si importante. Mais, retiré dans son quartier-général de Pareto, il reste indifférent au cri d'alarme de son chef, disperse ses hommes et ne laisse dans la ville que l'effectif de 4 bataillons.

Le Cairo Montenotte.

Le 14 au matin, deux de nos colonnes s'ébranlent. Masséna, à la tête de la première, longe la rive droite de la Bormida, puis s'arrête près de la Rochetta. Laharpe descend du Cairo et tente de passer par la rive gauche, les chemins sont resserrés et mauvais, sa marche est lente et pénible. Une partie de son effectif passe la rivière un peu plus bas que Vignarolo.

Les Austro-Sardes sont enveloppés, puis poursuivis dans les gorges de Spigno ; ils fuient vers Acqui, abandonnant canons, drapeaux, munitions et plusieurs milliers de prisonniers aux vainqueurs.

Au combat succède le pillage ; les soldats se livrent à des

Vue générale de Ceva.

excès fâcheux et les chefs ne peuvent arrêter ces désordres. Privés de nourriture, harassés de fatigue, ils se plongent dans de véritables orgies et s'endorment abrutis par l'ivresse. Ils sont réveillés au petit jour par des coups de feu. Des grenadiers autrichiens, commandés par Wukassovich, culbutent nos avant-postes, s'emparent des canons pris la veille, et s'en servent pour massacrer tout ce qui se trouve sur leur passage. Nos hommes s'enfuient, l'ennemi s'établit dans les positions qu'ils abandonnent, et en quatre heures s'empare de Dego.

Masséna arrive en toute hâte, arrête la débandade, reforme ses bataillons, et, après quelques heures de rude combat, reprend Dego et chasse Wukassovich.

D'Argenteau est vivement appréhendé par Beaulieu, après sa défaite.

— Où est votre armée, Monsieur? lui demande le feld-maréchal.

— Mon général, je l'ignore!

— En ce cas, Monsieur, un général qui ne peut rendre compte de son armée, mérite d'être cassé et envoyé aux arrêts. Officiers, que l'on conduise Monsieur à Pavie.

D'Argenteau aurait été conduit à Vienne et serait passé au Conseil de guerre.

CEVA — MONDOVI

Beaulieu rassemble les tronçons de son armée et Colli s'attend à être battu. Bonaparte prend ses dispositions pour s'emparer de la ville de Ceva, qui,

située au confluent de la Cevetta et du Tanaro, barre l'entrée de la route de Turin.
Le général piémontais, poussé de front par Augereau et Rusca, attaqué par Sérurier à droite, menacé à gauche par Ménard et Dommartin, juge prudent de se retirer de Montezemolo et de s'établir dans le camp retranché de Ceva. Là, au moins, il sera en toute sécurité. Le 16 avril, les soldats se déploient sur les hauteurs que les ennemis viennent d'abandonner et restent émerveillés devant le panorama qui se déroule sous leurs yeux. C'est le matin, des vapeurs lumineuses flottent dans le ciel qui se dore, les cîmes fières et blanches des Alpes s'estompent dans le lointain et se teintent de rose. L'Apennin, âpre, sauvage, se dresse avec ses rocs pelés et ses ravins remplis d'ombre. Dans la plaine verdissante, ondulent un nombre infini de rivières qui scintillent comme des joyaux sous la caresse d'un soleil de printemps. Et devant cette riche nature, devant la splendeur d'un tel horizon, naît dans le cœur de ces hommes, dénués de tout, tenaillés par la faim, exténués par des marches forcées, un sentiment d'orgueil et

Molère. — Creux de rocher où coucha Bonaparte.

Annibal a forcé les Alpes, nous les avons tournées !

Bataille de San-Michele. — Gravure de Bagetti.

de joie. Oui, c'est bien là le trésor promis par le petit Bonaparte, cette belle contrée est à eux, les vainqueurs d'hier, d'aujourd'hui, de demain.

Un frémissement passe le long des files, puis, soudain, et dans un même élan, les trompettes sonnent, les tambours roulent, un même cri s'échappe des 5.000 poitrines. C'est le salut de l'armée française à la belle Italie. Bonaparte se laisse aller à l'entraînement général et, résumant en quelques mots l'esprit de sa glorieuse campagne, s'écrie :

— *Annibal a forcé les Alpes, nous les avons tournées !*

Après une courte résistance, Colli s'est retiré de Ceva, le 17, a repassé le Tanaro et s'est établi sur la rive gauche de la Corsaglia.

Les Piémontais ont su choisir leur position. On peut difficilement les atteindre car les obstacles naturels les protègent. La Corsaglia est un torrent rapide et tumultueux au moment de la fonte des neiges ; il ne peut guère être franchi à gué. D'autre part, les escarpements qui s'élèvent sur la rive droite défendent l'accès de San-Michele, déjà protégé par deux batteries établies, l'une au Buon-Gesù et l'autre au pied du plateau de la Bicocca. Cependant, après un combat chaudement mené, les Français sont vainqueurs et maîtres du castello. Bonaparte va pouvoir marcher de l'avant et atteindre Mondovi qu'il convoite. Une fois de plus les opérations sont retardées par le pillage de la division qui permet une contre-attaque de Colli et nous force à repasser le pont. Colli est vainqueur et cependant il recule. Son avis et celui de son état-major est de poursuivre la marche rétrograde vers Turin par Morozzo et Coni. Mais Mondovi compte de trop riches magasins d'approvisionnements pour l'abandonner ainsi aux Républicains. Il se replie sur Mondovi, éparpillant son armée sur les hauteurs de Santa-Croce du Brichetto et de Vico.

Talonné par Bonaparte, Sérurier reprend l'offensive ; le 22, il débouche par le pont de Torre, Masséna par celui de San-Michele. Bonaparte, par Lesegno, s'avance vers le bric della Guardia, qui domine le champ des opérations. Il demeure toute la journée à surveiller et à diriger les manœuvres. Les trois colonnes doivent attaquer en même temps. Colli ne craint qu'une chose, c'est que les convois ne puissent s'éloigner assez vite de la ville et il ne résiste que pour gagner du temps. Le point le plus menacé et le plus exposé est le Brichetto. Les Piémontais résistent fermement. Bonaparte ordonne l'assaut, Sérurier et Meynier répètent le commandement et aussitôt la fusillade commence. La colonne Guieu, sur les derrières de Mondovi, donne des inquiétudes aux Piémontais. Dichat s'aperçoit que la première ligne faiblit. Il se précipite à son secours. Colli, surpris, le poursuit et lui crie:

— Où allez-vous Dichat? vous perdez la tête!

Le valeureux brigadier n'écoute rien et court renforcer la ligne menacée.

Au même moment, les Français escaladent le Brichetto, s'attellent aux pièces en criant: « Les canons sont à nous ! »

Dichat revient, fond sur eux baïonnette au canon et force nos hommes à descendre plus vite qu'ils n'étaient montés. Les Français se rallient, leurs boulets font des trous dans les rangs

Mondovi. — La Bicocca.

En est-il entre vous dont le courage s'amollisse ?

piémontais, plusieurs officiers sont atteints mortellement. Dichat reçoit une balle en plein front, il tombe en disant :

— Allez dire au général Colli que c'est ainsi que Dichat perd la tête.

Les grenadiers, terrifiés, n'osent plus combattre; ils fuient. Chiusano essaie en vain de résister, c'est peine perdue; il faut se retirer sur Mondovi. Les demi-brigades Meynier, Sérurier, Fiorella s'établissent sur le plateau abandonné mais sont bombardées par les batteries de Santa-Croce. Les soldats de Bonaparte s'emparent de ce dernier mamelon et les Français comptent une victoire de plus.

La Scapita. — Cascina del Vescovo où se tint Bonaparte pendant la bataille de Mondovi.

Il ne faut pas cependant oublier de mentionner la fin malheureuse du général Stengel. Bonaparte avait donné l'ordre à cet officier, lorsque l'issue de la bataille était encore douteuse, de passer l'Ellero et de revenir par la rive droite sur les derrières et les flancs de l'ennemi. Stengel exécute la manœuvre prescrite : il traverse le fleuve, le longe, et aperçoit avec étonnement l'armée sarde en déroute. Il s'apprête à charger non loin d'une chapelle, lorsque la cavalerie piémontaise, ayant à sa tête le marquis de Chaffordon accourt. Stengel s'arrête au lieu d'attaquer; les dragons piquent de l'éperon et s'élancent, une mêlée s'ensuit et un duel s'engage entre le général français et le brigadier

Vue de Mondovi prise du Brichetto.

Berteu. Ce dernier est blessé mais frappe mortellement son adversaire. Murat arrive, rassemble les combattants et charge les Piémontais qui se replient.

Bonaparte, pendant ce temps, reçoit les clefs de la ville des mains du syndic et, le soir même, à sept heures, l'armée entre triomphalement dans Mondovi, après avoir remporté 11 drapeaux et 8 canons.

Le général retourne coucher à Lesegno.

CHERASCO
Arrivée des plénipotentiaires. — Signature de l'armistice.

Le 22 avril, Bonaparte est toujours à Lesegno. Certains préparatifs, indispensables à la réussite des opérations suivantes, retardent le départ. Il faut au plus vite établir une discipline sévère, car, si les désordres ne cessent pas, l'honneur du drapeau français est à jamais compromis. Les officiers supérieurs reçoivent de leur général en chef le droit de châtier sévèrement toute tentative de vol et de pillage. L'abondance ayant remplacé les privations, le soldat

Dénués de tout, vous avez suppléé à tout.

Panorama du champ de bataille de Mondovi.

devient inexcusable lorsqu'il se laisse aller à la débauche. Les magasins de Mondovi subviennent largement aux besoins des troupes et des rations de toutes sortes sont distribuées aux Français.

Bonaparte passe à Carrù, s'y arrête, arrive à Cherasco le 25 et établit son quartier-général au palais du gouverneur Salmatoris. Sous la violente poussée de Sérurier, les Piémontais abandonnent Fossano. Ils battent en retraite, se retirent à Carmagnola après avoir erré toute une nuit à travers champs, par la pluie et la neige.

Augereau entre triomphalement le 26 à Alba, au milieu des cris de joie de la population. Un arbre de la liberté est planté sur la grande place, l'évêque entonne le magnificat : la République est proclamée.

Les Français marchent toujours plus avant, bientôt ils atteindront le cœur même de l'Italie.

A la cour de Turin on s'émeut, on s'affole; le roi ne sait quel parti prendre, faut-il rompre avec l'Autriche et traiter avec les Français ou continuer les hostilités?

Les deux armées qui naguère vous attaquaient avec audace fuient épouvantées devant vous.

Le 21, le conseil général est réuni, et l'avis unanime est qu'il faut traiter avec les Français. Le 23, Bonaparte reçoit les offres de Colli ; il ne répond à ses avances que le jour suivant et envoie Murat à Fossano porter les conditions de paix. Coni et Tortone ou Alexandrie devront être abandonnées aux Républicains. Le roi essaye encore de tergiverser, Bonaparte lui pose un ultimatum en sept articles, et pour impressionner le parlementaire sarde, il le fait assister, au point du jour, au défilé des troupes de Masséna sur les hauteurs de Bra.

On a pu constater que les débats politiques n'arrêtent pas Bonaparte d'agir, les opérations et les mouvements s'effectuent avec la même régularité. Le 27, un détachement de la division Sérurier, commandé par Fiorella, quitte Morozzo et arrive à Boves. Un petit nombre d'hommes est alors dirigé sur le col de Tende pour communiquer aux généraux Macquard et Garnier l'ordre de Bonaparte relatif à leur jonction avec l'armée d'Italie. Cette manœuvre heureuse ouvre la route de Nice, permet de faire pénétrer des convois de matériel et d'amener des renforts à l'armée.

L'aspect des troupes a changé ; plus de misère, plus de souffrances. La

Vous avez gagné des batailles sans canons ; passé des rivières sans ponts ; fait des marches forcées sans souliers.

Cherasco. — Le château fort.

gloire et l'abondance ont supplanté la famine et la mort. Les Français voient leur mauvais sort conjuré, l'Italie leur sourit, vient à eux, les bras chargés de lauriers, et, des plis de sa robe de lumière s'échappent des richesses qu'elle abandonne à ses jeunes vainqueurs. L'enthousiasme succède à l'abattement, un nouveau souffle vivifie l'air et la proclamation de Bonaparte ne fait que préciser ou développer ce que chacun pense.

« Soldats ! leur dit-il, vous avez remporté en quinze jours six victoires, pris vingt-et-un drapeaux, cinquante-cinq pièces de canon, plusieurs places fortes, et conquis la partie la plus riche du Piémont. Vous avez fait 15.000 prisonniers, tué ou blessé plus de 10.000 hommes. Vous vous étiez jusqu'ici battus pour des rochers stériles, illustrés par votre courage, mais inutiles à la patrie ; vous égalez aujourd'hui, par vos services, l'armée conquérante de la Hollande et du Rhin. Dénués de tout, vous avez suppléé à tout. Vous avez gagné des batailles sans canons, passé des rivières sans ponts, fait des marches forcées sans souliers, bivouaqué sans eau-de-vie et souvent sans pain. Les phalanges républicaines, les soldats de la liberté étaient seuls capables de souffrir ce que vous avez souffert ; grâces vous en soit rendues, soldats ! La patrie reconnaissante vous devra en partie sa prospérité ; et, si vainqueurs de Toulon, vous présageâtes l'immortelle campagne de 1793, vos victoires actuelles en présagent une plus belle encore. Les deux armées qui naguère vous attaquaient avec audace, fuient épouvantées devant vous. Les hommes pervers qui riaient de votre misère et se réjouissaient dans leur pensée des triomphes de vos ennemis, sont confondus et tremblants. Mais, soldats ! il ne faut pas vous le dissimuler, vous n'avez rien fait, puisqu'il vous

Les phalanges républicaines, les soldats de la liberté étaient seuls capables de souffrir ce que vous avez souffert.

L'Arc de triomphe de Cherasco.

reste à faire. Ni Turin, ni Milan ne sont à vous; les cendres des vainqueurs de Tarquin sont encore foulées par les assassins de Basseville !

Vous étiez dénués de tout au commencement de la campagne ; vous êtes aujourd'hui abondamment pourvus. Les magasins pris à vos ennemis sont nombreux, l'artillerie de siège et de campagne est arrivée. Soldats! la patrie a le droit d'attendre de vous de grandes choses. Justifierez-vous son attente? Les plus grands obstacles sont franchis, sans doute, mais vous avez encore des combats à livrer, des villes à prendre, des rivières à passer. En est-il d'entre vous dont le courage s'amolisse? En est-il qui préféreraient retourner sur les sommets de l'Apennin ou des Alpes, essuyer patiemment les injures de cette soldatesque esclave? Non, il n'en n'est pas parmi les vainqueurs de Montenotte, de Millesimo, de Dego, de Mondovi. Tous brûlent de porter au loin la gloire du peuple français ! Tous veulent humilier ces rois orgueilleux qui osaient méditer de nous donner des fers ! Tous veulent dicter une paix glorieuse et qui indemnise la patrie des sacrifices qu'elle a faits. Tous veulent, en rentrant dans leurs villages, pouvoir dire avec fierté : « *J'étais de l'armée conquérante d'Italie.* »

Amis! je vous la promets cette conquête ; mais il est une condition qu'il faut que vous juriez de remplir : c'est de respecter les peuples que vous délivrez ; c'est de réprimer les pillages horribles auxquels se portent les scélérats suscités par vos ennemis. Sans cela vous ne seriez point les libérateurs des peuples, vous en seriez les fléaux. Vous ne seriez pas l'honneur du peuple français, il vous désavouerait. Vos victoires, votre courage, vos succès, le sang de vos frères morts aux combats, tout serait perdu, même l'honneur et la gloire. Quant à moi et aux généraux qui ont votre confiance, nous rougirions de commander à une armée sans discipline, sans frein, qui ne connaîtrait de loi que la force. Mais,

Vous égalez aujourd'hui par vos services l'armée conquérante de la Hollande et du Rhin.

Cherasco. — Le palais Salmatoris. — Peintures de Taricco

investi de l'autorité nationale, fort de la justice et de la loi, je saurai faire respecter à ce petit nombre d'hommes sans courage, sans cœur, les lois de l'humanité et de l'honneur, qu'ils foulent aux pieds. Je ne souffrirai pas que des brigands souillent vos lauriers. Je ferai exécuter à la rigueur le règlement que j'ai fait mettre à l'ordre : les pillards seront impitoyablement fusillés ; déjà plusieurs l'ont été. J'ai eu lieu de remarquer avec plaisir l'empressement avec lequel les bons soldats de l'armée se sont portés à faire exécuter les ordres.

Peuples d'Italie ! l'armée française vient pour rompre vos chaînes ; le peuple français est l'ami de tous les peuples ; venez avec confiance au-devant de nos drapeaux. Vos propriétés votre religion et vos usages seront respectés. Nous ferons la guerre en ennemis généreux et nous n'en voulons qu'aux tyrans qui vous asservissent. »

Le roi de Sardaigne veut la paix. Colli reçoit de lui l'ordre d'expédier deux plénipotentiaires à Cherasco. Le général de La Tour et le colonel Costa, désignés pour débattre les conditions de l'armistice, partent immédiatement et arrivent à dix heures du soir devant le palais Salmatoris, où Bonaparte a établi son quartier-général.

Tout est silencieux. Les deux officiers, étonnés de ne point trouver de gardes à la porte, pénètrent à l'intérieur du palais et, après quelques instants

Tous veulent humilier ces rois orgueilleux qui osaient méditer de nous donner des fers !

de recherches, rencontrent un jeune attaché de l'état-major qui les introduit dans une salle où brille un feu clair. Berthier arrive peu d'instants après, questionne les mandataires, puis pénètre dans la chambre voisine, celle de Bonaparte. Une demi-heure passe, personne ne paraît ; la porte s'ouvre enfin et Bonaparte entre. Son visage, d'une pâleur extrême, est empreint de gravité, son aspect est froid et digne. Tout de suite les pourparlers commencent. De La Tour, au nom du roi, débat encore les conditions de la trêve, Bonaparte l'écoute un instant, puis brusquement l'interrompt.

Cherasco. — Escalier du Palais.

— Avez-vous lu ces conditions ? demande-t-il.
— Oui.
— Le roi de Sardaigne les accepte-t-il ? Au reste, je ne les modifierai en rien. Depuis que je les ai offertes, j'ai pris Cherasco, j'ai pris Fossano, j'ai pris Alba. Je ne renchéris point sur mes premières demandes ; vous devriez me trouver modéré.

Un des deux envoyés a l'imprudence d'émettre son opinion sur le droit de passage du Pô, à Valenza, que Bonaparte s'est réservé.

— Ma République, réplique le jeune général d'une voix brève, en me confiant le commandement d'une armée,

Tous veulent dicter une paix qui indemnise la patrie des sacrifices qu'elle a faits.

Cherasco. — Salle du Palais où fut signé le traité.

m'a cru assez de discernement pour juger de ce qui convient à ses intérêts, sans que j'aie à recourir aux conseils de mon ennemi.

Deux heures se sont déjà écoulées en discussions. Bonaparte, que ces lenteurs impatientent, tire sa montre.

— Messieurs, dit-il, je vous préviens que l'attaque générale est ordonnée pour 2 heures et que si je n'ai pas la certitude que Coni sera remis dans mes mains avant la fin du jour, cette attaque ne sera pas différée d'un moment. *Il pourra m'arriver de perdre des batailles, mais on ne me verra jamais perdre des minutes par confiance ou par paresse.*

Cela dit, il laisse de La Tour et Costa en tête-à-tête avec Berthier et se met à arpenter la salle, les mains derrière le dos, faisant craquer le parquet de son pas ferme et régulier.

A deux heures l'armistice est signé et à sept heures du matin, les plénipotentiaires partent, reconduits courtoisement à leur voiture par Bonaparte et son état-major. Murat est expédié immédiatement à Paris pour remettre au directoire le texte de l'armistice de Cherasco.

**Il pourra m'arriver de perdre des batailles
mais on ne me verra jamais perdre des minutes par confiance ou par paresse.**

Le 5 mai, Barras, Carnot, Rewbell, Letourneur, Larevellière-Lépeaux, sont réunis dans une salle du Luxembourg et gravement s'entretiennent des succès du général de l'armée d'Italie, lorsque un bruit s'élève du côté de l'antichambre.

— Place, crie une voix de stentor, je suis le messager de la Victoire et ce n'est pas moi qu'on fait attendre.

La porte s'ouvre, claque contre le mur, un colosse au torse chamarré d'or, au visage fier, encadré de boucles rebelles, se précipite, un pli à la main. C'est Murat.

— Voilà des nouvelles du général Bonaparte, clame-t-il, lisez.

La feuille dépliée est lue à haute voix, puis chacun se la passe, comme s'il avait besoin de voir les noms de Tortone, Coni, Ceva écrits, pour croire que ce trio de forteresses soit abandonné aux Républicains.

— Hein! continue Murat, est-ce bien travaillé? En quinze jours, 5 victoires, 5o pièces de canons, 15.000 prisonniers. Nos pauvres jambes en sont fourbues. Ah! ce Bonaparte, en voilà un comme il y en a peu! Infatigable, intrépide, c'est la foudre. Il n'a qu'à parler et son armée frappe, il fait un geste et l'ennemi est aplati.

Trois jours après, arrive Junot, serrant sur son cœur 21 drapeaux autrichiens ou piémontais. Il ouvre les bras et aussitôt, avec un bruissement d'ailes, ces oiseaux des champs de batailles vont s'abattre aux pieds des Directeurs. Glorieuses loques teintes de sang, criblées de balles, sentant la poudre. Un frisson passe dans l'assemblée.

— Montenotte, Millesimo, Dego, Ceva, Mondovi, annonce le hussard. Le dernier mot expire lentement sur ses lèvres. Mais écoutez! Un murmure s'élève, fait de milliers de voix... c'est l'écho qui répond, qui chante les noms inondés de lumière, éblouissants de gloire, tintant aux oreilles comme de joyeuses pièces d'or. Cet écho, c'est le peuple, c'est la France.

Autographe de Napoléon.

Grâces vous en soient rendues, soldats! La patrie reconnaissante vous devra en partie sa prospérité.

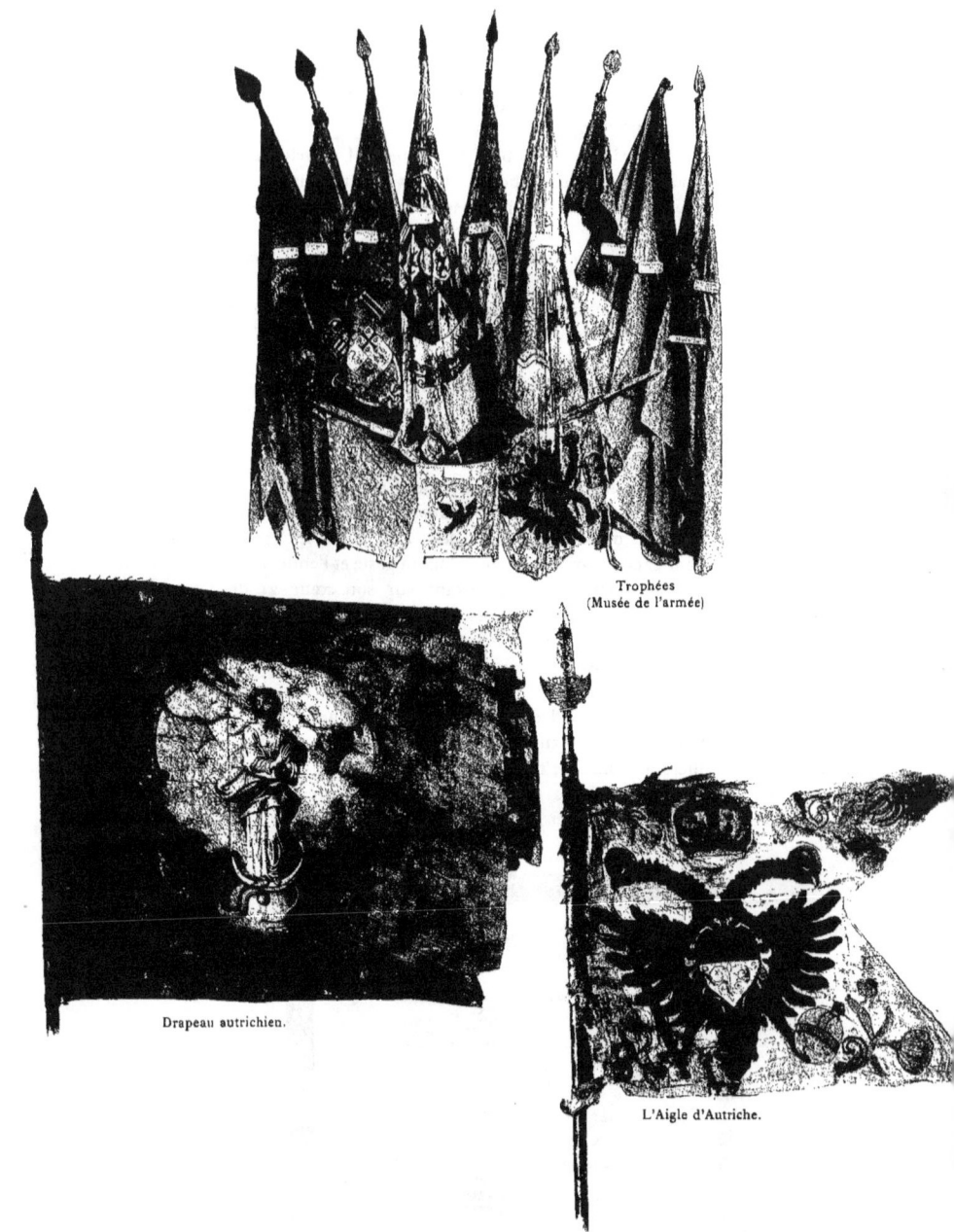

Trophées
(Musée de l'armée)

Drapeau autrichien.

L'Aigle d'Autriche.

Le Pô à Plaisance.

II

Campagne de Lombardie

PASSAGE DU PÔ

— Peuples d'Italie ! s'écrie Bonaparte, l'armée française vient pour rompre vos chaînes ; le peuple français est l'ami de tous les peuples. Venez avec confiance au-devant de nos drapeaux ; vos propriétés, votre religion, vos usages seront religieusement respectés. Nous ferons la guerre en ennemis généreux et nous n'en voulons qu'aux tyrans qui vous asservissent.

Le duel va s'engager entre deux nations, deux armées, deux hommes. Beaulieu va se mesurer une fois encore avec le «giovinastro» et malheur au vaincu ! Cela va être la lutte acharnée entre deux adversaires, dont l'un, « glacé par l'âge » a pour soit l'expérience, mais aussi la routine, la tradition et la trop prudente méthode, tandis que l'autre, jeune, plein de vigueur, servi seulement

Peuples d'Italie ! l'armée française vient pour rompre vos chaînes
(Cherasco, 26 avril 1796)

par un esprit juste, mais libre de préjugés, libre des règles archaïques de la tactique et de la stratégie, conçoit, veut, agit, avec une rapidité incroyable. Bonaparte n'hésite devant aucun obstacle, souvent même, pas devant la ruse; il trompe son adversaire qui donne tête baissée dans ses pièges. Tout concourt à faire croire à Beaulieu que l'armée française passera le Pô à Valenza, une des clauses du traité de Cherasco stipulait la remise de cette place aux Républicains.

Les Impériaux se retranchent donc derrière le fleuve et les meilleures troupes sont laissées au point qu'ils jugent menacé.

Bonaparte ne néglige rien pour maintenir l'erreur du feld-maréchal. Il donne des ordres à Masséna pour que celui-ci quitte Alexandrie où il s'est établi et manœuvre afin d'occuper l'ennemi. Le quartier-général, qui était à Tortone, après avoir passé à Alba, Acqui et Bosco, est porté, le 7 avril, à Plaisance, par Bonaparte. En trente-six heures, il a franchi seize lieues. Les hommes sont fourbus, mais il ne leur est pas encore permis de se reposer. A peine

Plaisance. — Palais gothique de la place des Cavaliers.

Tous brûlent de porter au loin la gloire du peuple français !

Plaisance. — La porte Borghetto.

arrivé sous les murs de Plaisance, Bonaparte se rend sur la rive du fleuve et organise le passage des troupes. Un bac fait le service d'un bord à l'autre et peut transporter 5oo hommes à chaque voyage. Deux escadrons de hussards font mine de vouloir disputer le passage, mais Lannes saute dans un bateau, ses grenadiers le suivent et après quelques coups de fusil, la cavalerie ennemie se replie. Un pont volant est lancé, le reste de l'avant-garde gagne rapidement la rive droite et la cavalerie défile aussitôt après. La nuit arrive, les torches s'allument et le passage continue jusqu'à minuit. Laharpe bivouaque entre le Pô et Fombio.

La manœuvre ayant réussi, il est inutile d'immobiliser les divisions. Augereau, Masséna et Sérurier sont rappelés ; ils brûlent les étapes et arrivent à Plaisance dans les journées du 8 et du 9. Beaulieu est désespéré, il ne comprend plus rien à la marche de son ennemi ; à tout hasard, il donne l'ordre à Liptay de quitter Pavie et de se rendre à Plaisance. Huit escadrons et huit bataillons se mettent aussitôt en marche et arrivent le 7 à Guardamiglio. Le colonel autrichien apprend seulement que les Français sont à quelques milles de là et

Les plus grands obstacles sont franchis, mais vous avez encore des combats à livrer, des villes à prendre, des rivières à passer.

Pizzighettone. — Les tourelles et le pont.

qu'ils ont passé le Pô. Il profite de la nuit pour organiser la défense et se fortifier. Un courrier part bride abattue annoncer la nouvelle au feld-maréchal et demander du renfort. Le lendemain matin à leur réveil, les troupes s'aperçoivent que « le clocher et les maisons du village sont occupés par du canon ». Bonaparte divise alors son armée en trois colonnes. Lannes attaque l'aile gauche, Lanusse le centre et Dallemagne l'aile droite. Les Autrichiens sont refoulés, culbutés et poursuivis ; ils se réfugient à Pizzighettone. Liptay fait lever les ponts sous les pieds des cavaliers français. Nos braves grenadiers passent la nuit à Maleo, et Bonaparte, qui s'était avancé jusqu'aux remparts de Pizzighettone, sans se soucier des boulets qui pleuvaient autour de lui, revient vers neuf heures à Maleo et gagne ensuite Plaisance. Laharpe va se placer à Codogno, afin de bien garder la route de Casalpusterlengo, car on attend d'un moment à l'autre l'arrivée de Beaulieu.

Dans la nuit, en effet, l'alarme est donnée par les avant-postes ; des coups de feu partent, une vive fusillade s'engage, puis plus rien, le silence. Laharpe, intrigué, s'éloigne du camp, accompagné de quelques officiers, pour s'enquérir des causes de cette attaque nocturne. Les paysans interrogés, lui apprennent qu'un régiment de cavalerie autrichienne s'est en effet approché du camp, mais que, surpris de la présence des Français, il a filé du côté de Lodi. Il rebrousse chemin pour rassurer ses troupes et revient au camp par un petit sentier détourné. Les soldats, croyant à une surprise de l'ennemi, font feu et Laharpe tombe, tué par ses propres hommes. Berthier, prévenu du triste événement, accourt, rallie les troupes, lutte jusqu'au jour contre la colonne autrichienne.

Celle-ci, lassée d'une si longue résistance, bat en retraite vers Casalpusterlengo. L'armée, cependant, ne se réjouit pas de sa nouvelle victoire, elle pleure le brave général, dont Bonaparte disait : « c'est un grenadier par la taille et par le cœur », et perd en lui un de ses meilleurs chefs.

La marche victorieuse des Français n'est pas sans éveiller l'inquiétude des princes dont les états servent de champs de manœuvre ou de bataille aux colonnes républicaines. Le duc de Parme, Ferdinand, se fait tout humble, tout petit devant Bonaparte; il demande sa protection et acceptera toutes les concessions et même les sacrifices que le général en chef lui imposera, plutôt que d'abandonner son château de Colorno et de courir aux armes pour défendre son patrimoine. Il n'aspire qu'à la vie calme, régulière, paisible : qu'on le laisse tranquillement réciter ses oraisons et sonner ses cloches, c'est tout ce qu'il désire. Bonaparte lui signe un armistice le 9 mai à Plaisance, moyennant l'abandon de 2 millions en argent, 1700 chevaux, 10.000 quintaux de blé, 5.000 d'avoine, 2.000 bœufs, 20 tableaux, dont les plus beaux du Corrège, entre autres le fameux St-Jérôme. Le duc Ferdinand trouve bien cela un peu excessif, il lui en coûte de se séparer de ses œuvres d'art. Il fait offrir deux millions à Bonaparte pour racheter le St-Jérôme, mais le général refuse, alléguant que les deux millions seraient bientôt absorbés par l'armée, tandis que la possession d'un pareil chef-d'œuvre, à Paris, ornerait cette capitale pendant des siècles, et enfanterait d'autres chefs-d'œuvre.

LODI

Le feld-maréchal autrichien remonte l'Adda; il se retire de plus en plus vers le nord. Bonaparte qui le voit s'engager sur la route de Crema et diriger les troupes de Colli et de Wukassowich sur Milan et Cassano conçoit aussitôt l'idée

L'Adda et le Panorama de la ville de Pizzighettone.

Le peuple français est l'ami de tous les peuples.

Lodi. — Vestiges des remparts.

de le poursuivre et de couper ses divisions. Le 10, l'armée se met en marche. Bonaparte quitte Plaisance à la pointe du jour et arrive vers trois heures du matin à Casalpusterlengo où il trouve Masséna et Kilmaine. Chaque général reçoit des instructions pour la journée : Kilmaine devra explorer la route de Pavie et le cours du Lambro afin de s'assurer que les Autrichiens les ont bien évacués; Augerau, de Borghetto, poussera des reconnaissances sur la route de Plaisance à Lodi ; Ménard n'abandonnera pas son poste d'observation de Maleo. Ces dispositions une fois prises, le jeune général en chef gagne Zorlesco, se met à la tête de l'avant-garde commandée par Dallemagne et s'avance sur Lodi. Vers neuf heures du matin, nos grenadiers se trouvent brusquement en présence d'une troupe autrichienne défendant la chaussée de Lodi. « Il faut manœuvrer » les Français attaquent, les ennemis résistent, enfin, après une lutte acharnée, ils se débandent et fuient à toutes jambes vers Lodi. Nos grenadiers emboîtent le pas, pénètrent pêle-mêle dans la ville avec les fuyards ou escaladent les remparts.

Il est onze heures, Sebottendorf, à qui Beaulieu a simplement envoyé l'ordre de veiller à l'évacuation des magasins de Lodi, se

Lodi. — Tour du château de Frédéric Barberousse.

retire sur la rive gauche de l'Adda, ne laissant dans la ville que Roselmini avec deux escadrons et un bataillon.

Les soldats autrichiens, avant de s'occuper du départ des convois, font tranquillement leurs soupes en fumant la pipe. Tout à coup, un bruit de fusillade éclate, ils se retournent et voient, dégringolant des murailles d'enceinte, des grenadiers français. Surpris, ils ne savent comment se défendre, mais les assaillants ne leur laissent pas le temps de la réflexion, ils tombent sur eux, les bousculent, les frappent. Les malheureux se débattent sous les coups, puis, pris de pani- que, courent effarés dans les rues à la recherche d'un

Lodi. — Eglise San-Giacomo.

abri. Ils trouvent la chaussée qui conduit à l'Adda, l'enfilent aussitôt et, au pas de course, vont rejoindre le gros de l'armée posté sur la rive opposée. L'avant-garde de Dallemagne, acharnée au combat, s'apprête à les suivre lorsqu'à l'entrée du pont une bordée de boulets l'oblige à s'abriter derrière les murs de la ville. Bonaparte d'ailleurs juge plus prudent de remettre l'attaque; il ne faut pas songer livrer bataille à l'armée de Beaulieu avec des forces aussi minimes. Le courage et l'intrépidité des soldats de l'avant-garde ne peuvent suppléer au nombre. Augereau n'a pas encore quitté Borghetto, Masséna est en marche mais Kilmaine s'attarde. De plus, il faut attendre que le général Beaumont ait trouvé un passage guéable pour permettre à la cavalerie de franchir l'Adda et d'aller attaquer les derrières de l'armée de Sebottendorf.

Soldats ! il ne faut pas vous le dissimuler, vous n'avez rien fait puisqu'il vous reste encore à faire.

Les canons autrichiens grondent toujours à l'entrée du pont, et au feu de leurs quatorze bouches répond bientôt celui de trente pièces d'artillerie commandées par Sugny.

C'est un échange de boulets, une grêle de plomb qui s'abat sur les deux camps. Les Français ont l'avantage de dominer la plaine où se massent les Impériaux. La ville s'étage en gradins et sur chaque toit, chaque terrasse, à chaque fenêtre on voit briller les armes des Républicains. Pendant des heures ils ne font que mâcher les cartouches, amorcer, viser, tirer. L'important est de gagner du temps afin de permettre aux divisions d'arriver. La plupart des grenadiers cependant se reposent et Bonaparte en profite pour les haranguer. Dans un instant il va falloir que ces hommes tentent presque l'impossible, qu'ils accomplissent en tout cas un acte éclatant,

Panorama de Lodi — L'Adda — Les Iles.

qu'ils bravent la mort qui leur soufflera au visage et le petit général sent bien que même à l'élite de son armée il manque quelque chose pour oser l'insurmontable. Ce qui lui manque, c'est ce qu'il a, lui, la flamme de l'enthousiasme qui pousse aux grandes choses; il électrise donc ses bataillons de ses paroles chaudes, fortes, il s'empare de l'âme de ses soldats, y substitue la sienne faite de « lave et de granit ». Enfin vers cinq heures, lorsqu'il pense que chacun est dans l'état d'esprit voulu pour agir, il réunit, masse ses beaux grenadiers et ses vaillants carabiniers en une colonne serrée et les amène devant la porte de la ville.

A ce moment, l'arrivée de Cervoni est signalée et il est fort probable que Beaumont soit sur le point d'attaquer la droite autrichienne. Tout est prêt, le signal est donné ; comme six coups tintent lentement au clocher de l'église San-Giacomo la porte s'ouvre, les tambours roulent la charge, un cri jaillit de toutes les poitrines « Vive la République ! ! » ; la colonne s'ébranle puis se précipite comme une trombe sur le pont qui en craque. Les canons de Sugny se mettent à rugir,

la mitraille rouge des Impériaux s'envole à son tour, les soldats de Dallemagne tombent, roulent, se relèvent puis buttent de nouveau ; d'autres arrivent et sapés à leur tour font place à d'autres ; aveuglés par la fumée ils distinguent seulement par moment, se balançant à sa hampe, le lambeau tricolore que brandit le général Dupas. Des cris rauques, des clameurs s'élèvent, les cadavres s'entassent sur le pont et la colonne plie. Masséna, Berthier, Lannes, Cervoni se précipitent drapeaux au poing. Il faut passer le pont !!! Quelques carabiniers s'aperçoivent alors du peu de profondeur de l'eau et de la présence d'un banc de sable sous le pont. Ils se laissent glisser le long des pilotis et gagnent la rive en franchissant la rivière à gué, avec de l'eau jusqu'à la ceinture. Leurs coups de feu distraient les ennemis, font des trous dans leurs rangs. Le reste de la colonne reprend courage, s'élance, atteint facilement la ligne autrichienne, la disloque. Mais aussitôt la cavalerie napolitaine accourt défendre la position, la lutte reprend avec plus de vigueur et les

Soldats ! la patrie a droit d'attendre de vous de grandes choses.

Lodi. — Palais Pitoletti. — Cour intérieure.

Français refoulés reculent jusqu'au pont. Les troupes de Joubert et de Cervoni arrivent heureusement pour renforcer la petite avant-garde. Sebottendorf assailli de droite et de gauche n'abandonne cependant pas le terrain; ce n'est que lorsque Beaumont paraît sur la route de Cassano et Augereau sur celle de Borghetto, qu'il bat en retraite sur Crema. Seule la cavalerie de Beaumont poursuit les fuyards et les talonne jusqu'à neuf heures du soir; le reste des troupes, harassé de fatigue, bivouaque dans les villages de la rive gauche. Bonaparte rentre dans Lodi et loge au palais Pitoletti.

Le 11 mai est une journée de repos, l'évêque, Monseigneur Della Beretta invite Bonaparte à dîner; celui-ci n'ayant pas de grandes préoccupations se rend chez le vénérable prélat en compagnie d'une quinzaine d'officiers.

Le lendemain 12 mai, l'armée quitte Lodi, s'avance jusqu'à Crema, Ombriano, passe par Castelleone, Formigara, Soresina et arrive à Pizzighettone. Il importe de ne pas laisser cette forteresse à l'ennemi. Ménard, qui on s'en souvient n'a pas quitté Maleo, se porte immédiatement sur la ville, soutenu à Codogno par une brigade de Sérurier toujours établi sur la rive droite du Pô. La place défendue par 3oo Autrichiens capitule après trois où quatre heures de résistance. Le même jour notre cavalerie pénètre dans Crémone et éperonne l'arrière-garde de Beaulieu, jusqu'à Bozzolo. Le feld-maréchal se retire, rétrograde toujours davantage, passe l'Oglio et s'établit à Marcaria tandis que Colli atteint Brescia. Bonaparte revient à Lodi et aux environs de Pizzighettone visite les bivouacs selon son habitude. Un vieil officier hongrois attire son attention par son air accablé et triste; il l'interroge et se plait à le faire causer. « Ça va très mal grogne le colonel, ignorant à qui il parle, il n'y a plus moyen d'y rien comprendre; nous avons affaire à un jeune général qui est tantôt devant nous, tantôt sur notre queue, tantôt sur nos flancs; on ne sait jamais comment il faut se placer. Cette manière de faire la guerre est insupportable et viole tous les usages. »

Le Directoire à qui Bonaparte a écrit aussitôt le passage du Pô effectué, pour l'instruire de la marche des troupes et de l'intention qu'il a de rejoindre l'armée du Rhin en passant par le Tyrol, s'irrite de l'importance que prend ce petit général. Il faut au plus vite le restreindre, l'amoindrir et couper ces ailes qui s'ouvrent largement, sans se soucier de l'ombre qu'elles étendent sur les Directeurs, pâles et hésitants chefs du gouvernement. Carnot se charge de faire savoir au téméraire l'opinion et surtout les intentions de ses collègues. Ses victoires ont rendu d'éclatants services à la patrie, l'armistice conclu avec le roi de Sardaigne est approuvé, mais ces sortes de transactions, dans les cas urgents où le Directoire ne peut être consulté lui-même, sont particulièrement du ressort du commissaire Saliceti.

Quant à la marche en Tyrol il n'y faut pas songer, c'est là un projet chimérique et périlleux. Ce qui est bien préférable, et bien plus important que la jonction des armées du Rhin et d'Italie, c'est l'occupation de Livourne, de Rome et de Naples. Et si Rome fait des avances, la première chose à exiger est que le pape ordonne immédiatement des prières

Lodi. — Clocher de la Madeleine d'où Bonaparte observait l'ennemi.

Les cendres des vainqueurs de Tarquin sont encore foulées par les assassins de Basseville.

publiques pour la prospérité et les succès de la République française. Voilà qui compte ! et pour l'exécution de ce plan vraiment génial, Carnot annonce à Bonaparte qu'il ne disposera que d'une parcelle d'armée tandis que Kellermann, investi du commandement de la plus grosse partie des troupes, gardera le Milanais.

Eglise de Codogno.

Bonaparte reçoit cette dépêche, partie le 7 mai de Paris, le 13, il la lit... ordonne la marche sur Milan à Masséna et dirige Augereau sur Pavie. Après une nuit de réflexion, il écrit au Directoire en ces termes...

Je crois très impolitique de diviser en deux l'armée d'Italie ; il est également contraire aux intérêts de la République d'y mettre deux généraux différents. L'expédition de Livourne, Rome et Naples, est très peu de chose : elle doit être faite par des divisions

LODI 65

Tableau du Pont de Lodi exécuté en 1799 sur l'ordre de Monseigneur Rodolphe d'Egling, Archevêque de Goritzia

en échelons, de sorte que l'on puisse, par une marche rétrograde, se trouver en force contre les Autrichiens, et menacer de les envelopper au moindre mouvement qu'ils feraient. Il faudra pour cela, non seulement un seul général, mais encore que rien ne le gêne dans sa marche et dans ses opérations. *J'ai fait la campagne sans consulter personne!* je n'eusse rien fait de bon s'il eût fallu me concilier avec la manière de voir d'un autre! J'ai remporté quelques avantages sur des forces supérieures, et dans un dénuement absolu de tout, parce que, persuadé que votre confiance reposait sur moi, ma marche a été aussi prompte que ma parole. Si vous m'imposez des entraves de toute espèce, s'il faut que je réfère de tous mes pas aux commissaires du gouvernement, s'ils ont le droit de changer mes mouvements, de m'ôter ou de m'envoyer des troupes, n'attendez plus rien de bon. Si vous affaiblissez vos moyens en partageant vos forces, si vous rompez en Italie l'unité de la pensée militaire je vous le dis avec douleur, vous aurez perdu la plus belle occasion d'imposer des lois à l'Italie,

IL 10 MAGGIO 1796
NAPOLEONE BONAPARTE
PORTANDO DI DUE SECOLI IL FATO
QUI
LANCIAVA LA FULMINEA COLONNA
CONTRO IL CORPO DI BEAULIEU
E LO SBARAGLIAVA
QUI
IL 10 GIUGNO 1859
LODI ESULTANTE PER LO SCORSO SERVAGGIO
ATTRAVERSO IL NEMBO E LE FIAMME
CHE INVOLAVANO LO STORICO PONTE
VIDE IN ROTTA DILEGUARSI
L'ULTIMA FALANGE DELL'ESERCITO AUSTRIACO

La guerre est comme le gouvernement, c'est une affaire de tact.

Par le même courrier il envoie une lettre explicative à Carnot dans laquelle il lui dit :

Kellermann commandera l'armée aussi bien que moi, car personne n'est plus convaincu que je ne le suis, que les victoires sont dues au courage et à l'audace de l'armée ; mais je crois que réunir Kellermann et moi en Italie, c'est vouloir tout perdre. Je ne puis pas servir volontiers avec un homme qui se croit le premier général de l'Europe ; et d'ailleurs je crois qu'il faut plutôt un mauvais général que deux bons. La guerre est comme le gouvernement, c'est une affaire de tact.

MILAN

Le tambour roule, le son clair et joyeux des trompettes éclate.... Les Français !!

Milan la belle, endormie depuis cent ans sous les plis épais des aigles autrichiennes, se réveille de sa longue léthargie. Les mauvais rêves se sont enfuis, les lourdes vapeurs de l'ennui et de l'oppression se sont dissipées, elle sourit et tend les bras au jeune homme qui vient la délivrer. Le 14 mai le peuple, dans un élan d'enthousiasme, se précipite vers la Porta Romana, au devant de la division Masséna en criant : « Vive la République ! Vive la liberté ! » Il semble qu'une nuée de cocardes tricolores se soit soudainement abattue sur toutes les têtes car chaque chapeau a sa rosette d'azur, de pourpre et de lys, sa petite fleur française trempée de sang, baignée d'idéal et blanche de pureté. Un grand silence succède à l'agitation bruyante de la minute précédente ; tous les cous se tendent, tous les yeux se tournent vers le même point. La Porta Romana tourne sur ses gonds en grinçant et le flot de soldats s'écoule dans la ville.

Hâves, bronzés par le soleil, tannés par le vent et la pluie, n'ayant sur le dos que ce que les balles leur ont laissé, des haillons, tête haute, pieds nus dans la poussière, ils avancent et la foule se tait. Les vainqueurs ce sont eux ? Quoi ! cette armée faite de « loques, de cris et de rires » a pu mettre en fuite les meilleures troupes d'Autriche et d'Italie ? Un moment, la surprise suspend les manifestations joyeuses ; mais aussitôt que le contact se produit entre ce peuple si inflammable et cette jeunesse vibrante de gaîté, d'entrain, pétillante d'esprit, il jaillit comme une fusée de plaisir et de bonheur enivrant. Seul Masséna, qui est descendu au palais Mellerio, ne prend pas part aux réjouissances publiques. Il veille et surveille le château, occupé par une garnison autrichienne, en attendant l'arrivée du général en chef. Rien ne bouge à la forteresse et le lendemain, Bonaparte franchit le seuil de Milan. Fièrement campé sur son maigre petit cheval blanc, l'œil « trempé de lumière », il passe sous l'arc de triomphe fait de lauriers et de roses. Les belles Milanaises : Gherardi di Brescia, la comtesse Albany, Grassini, Monti la Romaine, Pietra Marini, la marquise Arconati, toutes accourues à la Porta Romana pour saluer le héros du jour, rivalisent de charme et de grâce. Elles accueillent le jeune vainqueur avec des sourires et des fleurs, comme le prince charmant. Mais ne sont-ce pas des fées ces jolies femmes au regard plus puissant qu'une baguette magique, au visage rayonnant de la rare lumière de l'enthousiasme patriotique ? Et ce Corse, que le destin a touché au front, n'est-il pas le personnage fabuleux d'un conte dont la plus belle page est écrite avec des lettres de flammes dans tous les cœurs et dans tous les esprits ?

Les troupes défilent et des cris, des acclamations, s'échappent de la foule qui se presse, s'agite, grouille derrière la double ligne verte des gardes urbains. Le soleil salue à sa façon l'armée victorieuse : il secoue sa poudre d'or sur les guenilles râpées des soldats, arrache aux chiffons des couleurs vives et joyeuses, pique de petites flammes aux cuivres noircis des uniformes, caresse les sabres des officiers, égrène des paillettes d'or aux franges dégarnies des épaulettes ; et le peuple, excité par l'atmosphère chaude et odorante d'une belle journée de printemps, heureux de sentir une nouvelle sève courir dans ses veines, grisé de chansons, de lumière et d'amour spontané, acclame son vainqueur. Il se livre aux plus folles réjouissances, danse la carmagnole autour de l'arbre de la liberté, festoie la nuit entière sur la place du Dôme pendant que Bonaparte, reçu par la municipalité au Palazzo Reale, assure à l'assistance son appui, lui promet son soutien. « Si l'Autriche revient à la charge je ne vous abandonnerai pas.

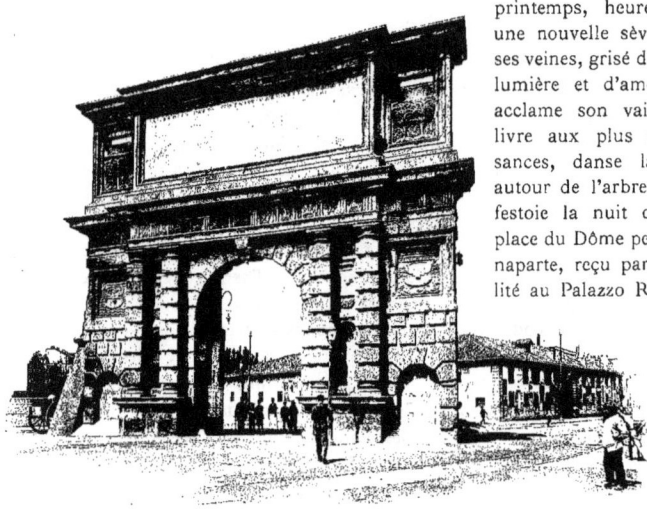

La Porta Romana

Le château de Milan.

Un jour peut-être vous tomberez, mais je ne serai plus là, et d'ailleurs Sparte et Athènes aussi ont succombé après s'être inscrites dans les fastes du monde. »

Pendant les huit jours de repos que prend l'armée, Bonaparte travaille sans relâche à l'organisation de sa conquête ; il fonde à Milan des gardes nationales, inaugure des sociétés populaires, s'occupe de l'exécution du traité passé avec le duc de Parme et signe à Frédéric d'Este l'armistice qu'il demande moyennant le versement de sept millions et demi.

Les jeunes officiers, sur lesquels aucune responsabilité ne pèse, trouvent le séjour de la capitale vraiment agréable. Sans se soucier de l'aspect misérable de leurs vêtements, l'air martial, la mine conquérante, ils vont chaque soir faire le tour du Corso. C'est là le rendez-vous de toute la bonne société milanaise et les plus jolies femmes, pour rien au monde, ne manqueraient d'y paraître. Elles font en voiture la promenade du rempart, puis vont prendre rang derrière la longue file des équipages déjà arrivés et y stationnent jusqu'à la tombée de la nuit. Leurs amis viennent les saluer et comme les voitures nommées « bastardelles » sont assez basses, des conversations s'engagent facilement avec les promeneurs. Au crépuscule, les véhicules se remettent en marche pour ne plus s'arrêter que devant le café à la mode de la « Corsia de Servi » où les belles dames, sans

La fortune est femme et plus elle fait pour moi plus j'exigerai d'elle.
(Paroles dites à Marmont)

même daigner poser le pied sur la chaussée, se font servir des glaces parfumées. Le général en chef reste en dehors de tous ces plaisirs, pendant que toute cette jeunesse s'ébat et s'amuse, lui se replie, se concentre. L'image de Joséphine, toujours présente à son esprit, le préserve de toute autre influence et Grassini la diva, « reine du théâtre et du cœur des hommes », voit ses avances repoussées. Bonaparte ne pense qu'à sa femme et à son armée. Il s'occupe de ses soldats comme un chef de famille de ses enfants, pourvoit à leurs besoins et les voyant dans le plus grand dénuement est contraint, malgré les graves inconvénients qu'il y a à lever de lourdes contributions sur le pays où l'on vient apporter la liberté et l'indépendance, d'imposer la Lombardie. Il faut agir habilement pour ne pas révolter les braves Milanais, et Bonaparte, qui connaît bien les hommes, commence sa proclamation du 19 mai en assurant au peuple l'amitié, le respect de son armée; mais, « si les Français vainqueurs veulent considérer les peuples de la Lombardie comme des frères ceux-ci leur doivent un juste retour. L'armée a à poursuivre ses victoires; elle a à chasser entièrement de l'Italie le despote qui tenait la Lombardie dans ses fers. Son indépendance, qui doit faire son bonheur, tient au succès des Français ; elle doit les seconder de ses moyens... Vingt millions de francs sont imposés dans les différentes provinces de la Lombardie

Le « Palazzo Reale ».

**De nos jours personne n'a rien conçu de grand
c'est à moi d'en donner l'exemple.**

autrichienne ; les besoins de l'armée les réclament... Cette contribution, il est vrai, doit individuellement frapper sur les riches, les gens véritablement aisés, sur les corps ecclésiastiques, eux qui, trop longtemps, se sont crus privilégiés et avaient su s'affranchir de tout impôt ; c'est que la classe indigente doit être ménagée.

A partir du 20 mai, les officiers et les soldats touchent la moitié de leur solde en valeur fixe et l'autre moitié en numéraire. L'arriéré même leur sera payé peu à peu. Mais cela ne suffit pas, il faut pourvoir à l'armement et à l'habillement des troupes pour être en état de continuer la campagne. Le 21 mai, paraît un arrêté ordonnant aux magasins ennemis de fournir : 1° 2.000 chevaux de trait ; 2° la quantité de drap nécessaire pour 15.000 habits, 50.000 vestes et 50.000 culottes ; 3° 100.000 chemises ; 4° 20.000 chapeaux. Le tout livrable dans huit jours et payable aux fournisseurs sur le produit de la contribution et sur les fonds en provenant, versés à cet effet dans les caisses de l'Etat. En une semaine Bonaparte a changé le gouvernement de la Lombardie et réorganisé l'armée. Plus rien ne le retient donc dans la capitale, et en attendant la décision des Directeurs, il reprend possession de ses soldats en lançant la proclamation suivante :

Soldats !

Vous vous êtes précipités comme un torrent du haut de l'Apennin. Vous avez culbuté, dispersé tout ce qui s'opposait à votre marche. Le Piémont, délivré de la tyrannie autrichienne, s'est livré à ses sentiments naturels de paix et d'amitié pour la France. Milan est à vous, et le pavillon républicain flotte dans toute la Lombardie. Les ducs de Parme et de Modène ne doivent leur existence politique qu'à votre généro-

Milan. — Promenade allant au Corso.

Oui, soldats vous avez beaucoup fait !.. mais ne vous reste-t-il donc plus rien à faire ?

Verso du Fanion du 3ᵐᵉ Régiment d'artillerie

sité. L'armée qui vous menaçait avec orgueil ne trouve plus de barrière qui la rassure contre votre courage; le Pô, le Tessin, l'Adda n'ont pu vous arrêter un seul jour; ces boulevards vantés de l'Italie ont été insuffisants; vous les avez franchis aussi rapidement que l'Apennin. Tant de succès ont porté la joie dans le sein de la patrie; vos représentants ont ordonné une fête dédiée à vos victoires, célébrée dans toutes les communes de la République. Là vos pères, vos mères, vos épouses, vos sœurs, vos amantes, se réjouissent de vos succès et se vantent avec orgueil de vous appartenir. Oui, Soldats, vous avez beaucoup fait! Mais ne vous reste-il donc plus rien à faire? Dira-t-on de nous que nous avons su vaincre, mais que nous n'avons pas su profiter de la victoire? La postérité nous reprochera-t-elle d'avoir trouvé Capoue dans la Lombardie? Mais je vous vois déjà courir aux armes! Un lâche repos vous fatigue; les journées perdues pour la gloire le sont pour votre bonheur. Eh bien, partons! Nous avons encore des marches forcées à faire, des ennemis à soumettre, des lauriers à cueillir, des injures à venger. Que ceux qui ont aiguisé les poignards de la guerre civile en France, qui ont lâchement assassiné nos ministres, incendié nos vaisseaux à Toulon, tremblent: l'heure de la vengeance a sonné. Mais que les peuples soient sans inquiétudes; nous sommes amis de tous les peuples, et particulière-

Recto du Fanion du 3ᵐᵉ Régiment d'artillerie

Les journées perdues pour la gloire le sont pour votre bonheur.

Milan. — Place du Dôme. — La Cathédrale.

ment des descendants des Brutus, des Scipion et des grands hommes que nous avons pris pour modèles. Rétablir le Capitole, y placer avec honneur les statues des héros qui le rendirent célèbre, réveiller le peuple romain engourdi par plusieurs siècles d'esclavage, tel sera le fruit de nos victoires ; elles feront époque dans la postérité. Vous aurez la gloire immortelle de changer la face de la plus belle partie de l'Europe. Le peuple français, libre, respecté du monde entier, donnera à l'Europe une paix glorieuse qui l'indemnisera des sacrifices de toute espèce qu'il a faits depuis six ans. Vous rentrerez alors dans vos foyers, et vos concitoyens diront en vous montrant : « *Il était de l'armée d'Italie* ».

Le Directoire, peureux et jaloux, avait mis, comme nous l'avons vu, Bonaparte en demeure de démissionner ou de se résigner à rentrer dans l'ombre. Le général envoya fièrement sa démission le 14 de Lodi, mais voici qu'à peine arrivé à Milan, il expédie à Paris le billet suivant :

« Le 16 mai — Je vous fais passer, Citoyens Directeurs, une lettre de change de 650.000 livres banco, adressée à M. Deveaux, trésorier des corps étrangers. Peut-être trouverez-vous moyen d'en tirer parti... »

Deux jours après nouvelle lettre :

« J'ai fait passer à Tortone pour au moins deux millions de bijoux et d'argent en lingots provenant de différentes contributions. Ils attendront là jusqu'à ce que vous ayez donné des ordres pour leur destination ultérieure. »

Vous aurez la gloire immortelle de changer la face de la plus belle partie de l'Europe.

Et enfin dans une autre dépêche :

« Il part pour Paris, Citoyens Directeurs, 20 superbes tableaux, à la tête desquels se trouve le célèbre Saint-Jérôme du Corrège, qui a été vendu, à ce que l'on m'assure, 200.000 livres.

J'en ferai partir à peu près autant de Milan, entre autres les tableaux de Michel-Ange. »

D'une main il tend sa démission et de l'autre le Pactole. Le Directoire, dont les caisses sonnent creux, abdique ; il dira désormais « amen » à tout ce que fera le petit gringalet corse. Voyez comme il courbe déjà humblement l'échine et comme le ton employé par Carnot le 21 mai diffère du style arrogant du 7.

« Vous paraissez désireux, citoyen général, de continuer à conduire toute la suite des opérations militaires de la campagne actuelle d'Italie. Le Directoire a mûrement réfléchi sur cette proposition, et la confiance qu'il a dans vos talents et votre zèle républicain a décidé cette question en faveur de l'affirmative. Le général Kellermann restera à Chambéry, etc. »

Il annonce en outre que la paix est conclue avec le roi de Sardaigne.

Bonaparte répond dès le lendemain au Directoire :

« Vous pouvez, à cette heure, compter sur six ou huit millions, argent ou or, lingots ou bijoux, qui sont à votre disposition à Gênes. Vous pouvez disposer de cette somme, étant superflue

Milan. — *Détail de la cathédrale.*

aux besoins de l'armée. Si vous le désirez, je ferai passer un million à Bâle, pour l'armée du Rhin... Les troupes sont satisfaites...

Sa situation réglée avec le gouvernement, son armée réorganisée, Bonaparte se remet en campagne. Il quitte Milan le 23 mai et porte son quartier-général à Lodi.

Le général Despinoy est laissé dans la ville avec l'artillerie tirée de Tortone, Coni, Ceva, Alexandrie et Cherasco, pour commander le blocus de la citadelle autrichienne. Mais à peine les troupes sont-elles établies dans leurs nouvelles positions, que le général en chef apprend l'insurrection de Pavie à laquelle la garnison du château de Milan n'est pas étrangère.

Il part immédiatement pour la capitale avec 3oo chevaux, un bataillon de grenadiers, six pièces de canon et arrive le soir même pour constater que l'ordre est rétabli; l'ennemi s'est retiré derrière ses murs. Bonaparte se dirige vers Pavie et

Palais Serbelloni.

arrivé à Binasco, rencontre l'avant-garde des insurgés. Lannes a vite raison des 8oo hommes qu'on lui oppose, il bat et disperse ses ennemis. Cette révolte pouvait se propager, gagner toute la campagne italienne et amener la destruction de l'armée républicaine. Il fallait au plus vite réprimer le mouvement en effrayant les populations. Bonaparte fait donc incendier Binasco, dans l'espoir qu'à la vue des flammes le cri d'alarme se taira dans les villages et Pavie se rendra. Il fait coller aux portes de la ville cette proclamation:

« Une multitude égarée, sans moyens réels de résistance, se porte aux derniers excès dans plusieurs communes, méconnaît la République et brave l'armée triomphante des rois. Ce délire inconcevable est digne de pitié. L'on égare ce pauvre peuple pour le conduire à sa perte. Le général en chef, fidèle aux principes qu'a adoptés sa nation de ne pas faire la guerre aux peuples, veut bien laisser une porte ouverte au repentir. Mais ceux qui,

Eh bien, partons ! Nous avons encore des marches forcées à faire, des ennemis à soumettre, des lauriers à cueillir, des injures à venger.

sous vingt-quatre heures, n'auront pas posé les armes, seront traités comme rebelles ; leurs villages seront brûlés. Que l'exemple terrible de Binasco leur fasse ouvrir les yeux. Son sort sera celui des communes qui s'obstineront à la révolte. »

Enfin le 26, voyant que tous ses efforts restent vains, le général en chef décide d'agir par la force. Il quitte Binasco, s'avance sur Pavie et trouve les portes de cette ville fermées. Six pièces de canon sont aussitôt amenées et leur feu déloge des remparts les paysans qui s'y étaient établis.

Les grenadiers, protégés par l'action de la mitraille, frappent à grands coups sur les portes qui volent en éclats. Le passage ouvert, ils se précipitent comme un torrent furieux à l'intérieur de la place. Les insurgés s'effrayent ; Lannes n'hésite pas, il lance sur eux son peloton de cavalerie, les sabre, les rejette au-delà du Tessin et les force à se retirer dans la campagne. Pavie se soumet. Bonaparte l'épargne de l'incendie, fait grâce aux autorités mais châtie la garnison en la personne du capitaine qui avait rendu la citadelle. Encore indigné de la capitulation honteuse, il interpelle les soldats du fort : « Lâches ! leur dit-il, je vous avais confié un poste essentiel au salut de l'armée ; vous l'avez abandonné à de misérables paysans, sans opposer aucune résistance ! ». La sédition calmée, un désarmement général est opéré dans les campagnes et les membres des principales familles lombardes sont pris et envoyés en France comme otages. La révolte a été réprimée sans que la marche de l'armée ait été interrompue. Bonaparte rejoint le gros des troupes à Soncino. Le 27 mai, l'armée entre à Brescia, mais en pénétrant dans la ville elle foule aux pieds la neutralité du territoire vénitien. Cette république, ayant toléré ou autorisé les Autrichiens à passer à Peschiera, se voit forcée d'accorder aux Français le droit d'occuper Brescia. C'est là une nécessité de guerre. Bonaparte, qui tient à s'y établir, s'empare de ce prétexte et rassure les esprits alarmés de la présence des Français par la proclamation suivante :

« C'est pour délivrer la plus belle contrée de l'Europe du joug de fer de l'orgueilleuse maison d'Autriche, que l'armée française a bravé les obstacles les plus diffi-

Brescia
La Tour du Château

Borghetto. — Pont sur le Mincio.

ciles à surmonter. La victoire, d'accord avec la justice, a couronné ses efforts. Les débris de l'armée ennemie se sont retirés au-delà du Mincio. L'armée française passe, pour les poursuivre, sur le territoire de la république de Venise ; mais elle n'oubliera pas qu'une longue amitié unit les deux Républiques. La religion, le gouvernement, les propriétés, les usages, seront respectés. Que les peuples soient sans inquiétudes : la plus sévère discipline sera maintenue. Tout ce qui sera fourni à l'armée sera exactement payé en argent. Le général en chef engage les officiers de la république de Venise, les magistrats et les prêtres, à faire connaître ses sentiments au peuple, afin que la confiance cimente l'amitié qui depuis si longtemps unit les deux nations. Fidèle dans le chemin de l'honneur comme dans celui de la victoire, le soldat français n'est terrible que pour les ennemis de la liberté et de son gouvernement. »

PASSAGE DU MINCIO — VALEGGIO

Depuis le commencement du mois de mai, Beaulieu manœuvre et s'occupe de prendre ses positions ; il s'établit enfin le 16 à Valeggio, après avoir passé le 11 à Crémone, le 13 à Marcaria et le 14 à Rivalta. La droite de son armée est fortement appuyée à Peschiera, sa gauche à Pozzolo et Goïto et son centre occupe Borghetto et Valeggio. La ligne du Mincio est son dernier retran-

Fidèle dans le chemin de l'honneur comme dans celui de la victoire, le soldat français n'est terrible que pour les ennemis de la liberté et de son gouvernement.

chement, sa dernière chance de salut; s'il parvient à la garder et à couvrir Mantoue c'en est fait de son adversaire. Il annule d'un coup les succès remportés par les Français en Italie. En effet, si Bonaparte ne se rend pas maître de la ville forte, il perd le bénéfice de toute sa campagne, s'il ne parvient pas à s'emparer de ce point stratégique qui lui ouvre la vallée du Tyrol, la conquête du pays qu'il a entreprise reste inachevée et impossible. La lutte qui va s'engager va donc décider du sort des deux armées, de la gloire des deux généraux, mais ce tournoi coutera cher au vaincu. Bonaparte va, une fois encore, tenter de tromper l'ennemi, de le distraire par quelques mouvements, pendant qu'il effectuera sa manœuvre sur un autre point. Le passage du Mincio est opéré comme celui du Pô. Rien n'éveille la méfiance de Beaulieu et tout se passe comme si l'armée devait franchir le fleuve à Peschiera, que les Autrichiens renforcent naturellement par les solides réserves de Villafranca. Ils s'attendent d'un moment à l'autre à voir déboucher l'ennemi mais leur attente est déçue. Le général en chef ne va pas se jeter, sans y être contraint, sur des forces supérieures aux siennes, il cherche toujours au

Valeggio. — Maison où faillit être pris Bonaparte.

Inscription de la maison de Valeggio

contraire, pour porter le coup décisif, le point faible auquel personne ne songe. Il néglige volontairement la gauche de Beaulieu pour frapper sur le centre. Le 30 mai, au petit matin, Kilmaine, qui la veille se trouvait à Brescia, débouche à Borghetto avec sa cavalerie d'avant-garde. Lui et ses hommes ont passé la nuit à cheval, la division Masséna a franchi 30 kilomètres au pas de course, mais tous se raidissent contre la fatigue; ils savent que la victoire dépend de la promptitude des mouvements. Il faut enlever le poste et vivement. A sept heures le feu commence, à neuf heures, la cavalerie autrichienne, forte de 3000 hommes, plie sous la rude pression de Kilmaine et recule en brûlant une arche du pont. La vaillante troupe faiblit, l'infanterie autrichienne, postée sur les hauteurs de Valeggio et dans le village menacé, crible les assaillants de leurs balles, de leurs boulets et empêche la reconstruction du pont. Le colonel Gardanne, poussé par l'ardeur du combat, cherche un endroit guéable, le trouve, se jette dans le Mincio et entraîne, par son exemple, une cinquantaine de grenadiers qui franchissent le fleuve, en portant leur fusil sur leur tête, avec de l'eau jusqu'aux épaules. Borghetto est occupé et Valeggio enlevé, malgré la résistance désespérée de la réserve autrichienne. Après une charge tumultueuse, les hussards et les hulans de l'archiduc Joseph, pris de panique, font volte-face, éperonnent et disparaissent dans un nuage de poussière du côté de Castelnuovo. Le pont est reconstruit, l'armée française passe le Mincio à midi, remonte le fleuve et chasse l'ennemi devant elle. Les Autrichiens ayant refusé le combat toute la journée, Bonaparte rentre le soir à Valeggio. La division Masséna, qui seule était

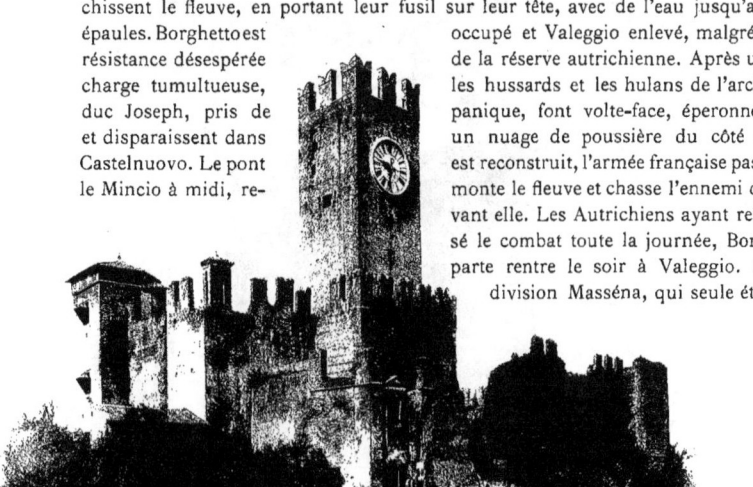

Villafranca. — Le château où s'établit le quartier-général.

restée de l'autre côté du Mincio pour couvrir le quartier-général, occupée à faire tranquillement sa soupe, ne s'aperçoit pas que les coureurs de Sebottendorf, attirés par le bruit du canon, longent la rive gauche et entrent à Valeggio. Ceux-ci parviennent, sans être inquiétés, jusque devant la maison où loge Bonaparte et vont s'emparer du général en chef. Mais la porte cochère est brusquement fermée par un piquet de l'escorte ; au cri d'alarme de ses hommes, Bonaparte saute en selle et fuit par les jardins de derrière. Masséna accourt au bruit, passe le pont, fond sur l'ennemi et l'oblige à se retirer. Cette alerte montre à Bonaparte la nécessité qu'il y a pour lui de s'entourer d'une garde fidèle, c'est alors qu'il institue le corps des Guides, qui est l'origine, le noyau, de la célèbre Garde Impériale. Beaulieu fait un pas de plus en arrière et Bonaparte, à qui la ligne de l'Adige devient nécessaire pour investir Mantoue, se porte sur Vérone, où il arrive le 3 juin après avoir passé à Peschiera.

Vérone. — Palais Prétorien.

L'entrée des Français à Vérone n'est pas saluée avec autant d'enthousiasme qu'à Milan ; les sujets de Venise restent sur l'expectative et regardent avec inquiétude défiler les 12.000 Républicains dans leur ville. Bonaparte et le provéditeur Foscarini s'entretiennent assez longuement au palais Prétorien tandis que Masséna, accompagné du commandant de la place, Salimbeni, procède à l'inspection des forts : celui du vieux châeau fort et celui dit des Collines où il place ses hommes. Il visite les portes San-Zeno et Borsari enfin, après avoir examiné même les ponts, retient son logement, nous dit M. Ed. Gachot, casa Maroni près de la porte Neuve. L'occupation de Vérone n'a qu'un but, celui de couvrir Mantoue. Bonaparte sait qu'une nouvelle armée autrichienne va descendre par la vallée du Tyrol mais il espère s'emparer de la place avant l'arrivée des renforts. Il dispose ses troupes de façon à barrer la route aux Impériaux.

« Sa gauche occupe Montebaldo, son centre naturellement Vérone et sa droite le Bas-Adige ».

MANTOUE, *Premier blocus*

Mantoue est presque totalement entourée par les eaux du Mincio qui s'étalent et forment un lac. Deux ponts font communiquer la ville avec la terre ferme et divisent le lac en trois parties.

Vue sur Vérone et l'Adige prise de la Tour.

Mantoue. — Le Pont St-Georges.

Le lac supérieur est séparé du lac du milieu par la chaussée de la Favorite qui aboutit à la citadelle du même nom et ouvre la route de Vérone. A cette digue s'appuient les moulins des Douze-Apôtres où se moulent les blés de toute la ville. La chaussée St-Georges, protégée par son fort, sépare le lac du milieu du lac inférieur, fait communiquer le faubourg St-Georges avec Mantoue et conduit à Porto-Legnago. Il faut aussi mentionner la chaussée Pietoli ; la partie ouest de la ville est naturellement défendue par les marais que forment les infiltrations du Mincio. Il suffira donc d'établir des bastions aux portes Cerese et Pradella, qui sont placées aux deux extrémités, pour empêcher l'accès de la ville de ce côté. Par sa position, Mantoue est forte, mais il faut que les têtes de ses chaussées soit assez puissamment défendues, pour que l'ennemi soit mis dans l'impossibilité de les forcer ; car une fois maître des cinq débouchés de la ville, il peut, avec des forces relativement faibles, tenir en respect toute la garnison de la place. Bonaparte se hâte d'agir, il ne laisse pas aux assiégés le temps d'achever leurs retranchements et se porte, le 4 juin, au faubourg St-Georges, l'attaque, culbute les postes et oblige l'ennemi à rentrer dans la place. Augereau s'empare de la porte Cerese et celle de Pietoli évacuée, il ne reste plus qu'à surveiller la citadelle de la Favorite devenue l'unique sortie des assiégés. 3600 hommes suffisent pour contenir les mouvements des ennemis de la citadelle.

Sérurier établit son quartier-général à Roverbella, divise ses troupes, les place aux têtes des trois autres chaussées mais ne peut rien tenter tant que l'artillerie de siège, restée au Piémont, n'est pas libérée. Il reste en observation.

EXPÉDITION DE LIVOURNE

Armistice avec Naples. - Insurrection des fiefs impériaux. - Bologne. - Ferrare.

La situation de l'armée française devient de plus en plus critique : Wurmser rassemble ses forces et s'apprête à descendre par les vallées du Tyrol, les Impériaux sont en

Mantoue. — Moulins des Douze-Apôtres.

insurrection, Naples s'alarme et peut devenir dangereuse par l'intervention de ses trente mille soldats. Le mécontentement et la révolte couvent partout, la haine des Républicains s'étend du Piémont à Venise et il suffirait d'un échec pour que les petits états, qui ont dû traiter avec le général en chef sous peine de bombardement, qui sont vaincus mais non pas soumis, prennent les armes et se liguent contre l'armée française. Rome même, attend des secours de l'étranger; le port de Livourne est ouvert aux bâtiments anglais qui doivent arriver de Corse. Bonaparte est aux prises avec les plus graves difficultés, mais le danger de sa position ne lui fait pas perdre de vue les moyens qui doivent lui permettre de soumettre l'Italie après l'avoir conquise. Une heureuse circonstance vient servir ses projets. Le roi de Naples, effrayé de l'approche des Républicains, sollicite un armistice. Bonaparte reçoit son député, qui n'est autre que le prince Belmonte-Pignatelli, à Peschiera, lui accorde une suspension d'armes le 5 juin à Brescia et finalement lui signe un armistice le 6 à Milan. Le pape, lui aussi, tente un rapprochement avec le général en chef et envoie à Milan l'ambassadeur d'Espagne à la cour de Rome, M. d'Azara. Cette politique toute pacificatrice n'est pas du goût de MM. les Directeurs qui n'ont qu'une idée, semer la terreur et la révolution en Toscane, à Naples et à Rome.

Pendant toutes ces négociations, Lannes parcourt le pays de Gênes et réprime les révoltes en faisant des exécutions. La ville d'Arquata subit le châtiment qu'elle mérite; les 150 Français qui y avaient été égorgés sont vengés par la mort de ceux qui les avaient massacrés. Le marquis de Spinola accusé, non sans raison, d'avoir soulevé la population, voit ses biens mis au pillage et son château livré aux flammes. Le Sénat de Gênes, sur les injonctions de Murat, promet de destituer le gouverneur de Novi, de renvoyer l'ambassadeur autrichien Gerola et de faciliter les communications de l'armée française avec Nice et Antibes.

Bonaparte, après s'être fait ouvrir la tranchée de Milan et s'être rendu à Tortone, se met en devoir, le 17 juin, de rejoindre Vaubois à Modène, il arrive le 19 dans cette ville. Il s'agit maintenant de mettre le pape en demeure de demander la paix avant l'arrivée de Wurmser. Privé du soutien du roi de Naples, Pie VI ne résistera pas longtemps. Les légations de Bologne et de Ferrare sont loin d'être attachées à la souveraineté du St-Siège. Elle attendent impatiemment la venue du libérateur qui doit secouer le joug de la papauté qui leur pèse. Bologne surtout accueille l'armée républicaine avec des transports de joie. Augereau, qui avait ordre d'y entrer, son passage du Pô effectué, est surpris de ne pas avoir à combattre pour être maître de la place. L'expédition comporte, on le voit, très peu de faits, les Français n'ayant pas eu à livrer de batailles. Le fort Urbin se rend sans résister beaucoup, Ferrare abandonne une partie de ses pièces aux vainqueurs et les habitants de Bologne, à l'arrivée de Bonaparte, énivrés par le souffle de la liberté qu'apporte avec lui le jeune général, organisent des fêtes et des réjouissances en l'honneur de la République. Le Pape, voyant ses propres Etats se tourner contre lui, sent vaciller sa tiare; épouvanté il se hâte d'envoyer le chevalier Azara demander à Bonaparte la signature d'un armistice et ne recouvre sa tranquillité que lorsque, le 24 juin, la trêve est conclue. Peu importe à quel prix. Il reconnaît l'indépendance des légations, fournit 21 millions soit en argent soit

Livourne. — Le vieux Fort

Panorama de Salo.

en denrées, livre cent œuvres d'art, tableaux ou sculptures et 500 manuscrits au choix des commissaires français. La citadelle d'Ancône est occupée par nos troupes. Bologne, protégée par sa garde nationale, n'use de sa liberté que pour se mettre sous la protection des Français. Avant de reprendre la ligne de l'Adige, Bonaparte entre en Toscane pour prendre possession de Livourne où les Anglais menacent de débarquer. Il dirige la colonne Vaubois sur Pistoïa et fait mine de marcher sur Rome en passant par Florence, puis, à la demande du grand duc, s'engage sur la route de Pise. Tous ces mouvements sont faits pour tromper l'ennemi et le surprendre au port. Murat, qui conduit l'avant-garde, change la direction de la colonne, brûle les étapes pour marcher sur Livourne mais arrive deux heures après le départ des Anglais. Les troupes s'emparent de la factorerie anglaise et toutes les marchandises et propriétés anglaises sont saisies ce qui, nous dit Stendhal, enrichit un nombre infini de voleurs, envoyés de Paris à l'armée.

Bonaparte ne s'attarde guère à Livourne. Il quitte cette ville le 30 juin, après y avoir laissé une garnison, et se dirige, sans aucune escorte, sur Florence pour se rendre à l'invitation du grand duc de Toscane. Celui-ci fait une réception magnifique au général républicain qui, de son côté, avait témoigné d'une grande confiance en venant seul rendre visite au prince. C'est à Florence et à la table de son noble hôte que Bonaparte apprend la reddition du château de Milan. Il va enfin pouvoir attaquer Mantoue, et, ses derrières assurés, reprendre les hostilités avec l'Autriche. L'armée rétrograde et se replie de Bologne sur Roverbella où est encore Sérurier. En vingt jours, Bonaparte profitant de la lenteur de

Le Lac de Garde.

Wurmser avait réussi à obtenir la sûreté des routes de Gênes, la neutralité du royaume de Naples et la soumission du St-Siège et cela sans abandonner les postes du Tyrol et les positions acquises.

Lutte contre Wurmser

SALO — LONATO — CASTIGLIONE

Wurmser, feld-maréchal, vice-président du Conseil Aulique, est détaché de l'armée d'Allemagne pour aller disputer au jeune Bonaparte la vallée du Tyrol et la place de Mantoue. Ses trente mille hommes viennent se réunir à Trente aux restes de l'armée de Beaulieu et forment une armée deux fois plus forte que celle des Républicains. Plein de confiance dans sa vieille expérience de stratège, il condamne à l'avance ses ennemis à la défaite et à la mort. Son plan est d'envelopper l'armée française, de la bloquer, de l'écraser autour de Mantoue qu'elle enserre. Pour cela il faut qu'il divise ses forces et leur fasse prendre des routes différentes. Il donne 20.000 hommes à Quasdanowich qui occupera la droite et

Malheur à celui qui calculera mal.

lui ordonne de descendre le long de la Chiese en tournant le lac de Garde, confie la gauche de force égale à Davidowich qui suivra le cours de l'Adige, tandis qu'avec ses propres divisions il couvrira tout le terrain compris entre la rive droite du fleuve et le lac. Le 29, les colonnes autrichiennes s'ébranlent et viennent attaquer les positions françaises.

Sauret, établi à Salo avec 6000 hommes, ne peut résister à la poussée des ennemis; Joubert est forcé, il abandonne la Corona et se replie sur le plateau de Rivoli défendu par Masséna. Brescia est occupée et Vérone menacée. Bonaparte apprend successivement les défaites de ses troupes. Quel parti prendre? Quel nouveau plan adopter? Faut-il soutenir malgré tout le siège de Mantoue et laisser à Wurmser le temps de faire sa jonction sur le Mincio avec Quasdanowich? Non, ce qu'il faut éviter avant tout, c'est la réunion des forces ennemies afin de pouvoir attaquer les corps séparément. Avant de prendre une décision, le jeune chef assemble ses généraux et les consulte. Tous déclarent la retraite inévitable, seul Augereau demande à se battre et par son ardeur guer-

Peschiera. — Le vieux pont fortifié sur lequel s'opéra le passage du Mincio.

Peschiera — Porte de Vérone.

rière, assure Thiers, échauffe le génie de Bonaparte. Le général en chef se résout à sacrifier Mantoue pour concentrer ses forces, les masser, et être en mesure d'opposer à chaque colonne ennemie, prise isolément, des troupes égales, sinon supérieures.

Sérurier reçoit l'ordre de lever le siège immédiatement. Il s'exécute, non sans regrets, et, dans la nuit du 31 juillet « brûle ses affûts, encloue ses canons, enterre ses projectiles, jette ses poudres à l'eau » et marche ensuite sur Marcaria. Augereau, pendant ce temps, quitte Legnago, arrive à Borghetto et se dirige sur Brescia. Masséna, après s'être battu toute la journée du 30 sur les hauteurs de Rivoli, pousse ses troupes vers le Mincio, passe le fleuve à Peschiera dans la nuit et s'achemine aussi vers Brescia pour aller chasser Quasdanowich. Bonaparte, soucieux de voir sa ligne de communication coupée avec Milan, ne perd pas un instant, il envoie Sauret au secours du général Gieu, enfermé dans Salo par les troupes autrichiennes, laisse Augereau continuer sur la route de Brescia, tandis que, soutenu par Dallemagne, il culbute une division ennemie à Lonato. Le 1er août, Salo est dégagée, Brescia évacuée et Lonato reprise. Ocskay, lieute-

Lonato

nant de Quasdanowich, se retire sur Gavardo. Cela suffit à Bonaparte; tranquille sur la droite des Autrichiens, il se retourne pour faire face à Wurmser.

Le feld-maréchal, hypnotisé par l'occupation de Mantoue, laisse son lieutenant aux prises avec les Français et, sans s'inquiéter de lui porter secours, s'en va ravitailler Mantoue le 2 août. Bonaparte, qui voit s'avancer la division Bayalitsch, sur la route de Lonato et la division Liptay sur Castiglione, ne prend pas un instant de repos. Il assigne à chacun un poste : Augereau se place à Montechiaro, Masséna à Ponte-di-St-Marco et Sauret demeure entre Salo et Dezenzano. Le 3 Août, dès l'aube, la lutte des deux armées s'engage. Masséna est battu avec son avant-garde, mais Bonaparte accourt le renforcer, et voyant le général autrichien étendre démesurément sa droite vers Salo, dans l'espoir de faire sa jonction avec Quasdanowich, il conçoit aussitôt l'idée de le percer par le centre. La 18me et la 32me s'enfoncent comme un coin au milieu des ennemis, ouvrent la ligne autrichienne, en font deux tronçons qu'elles rejettent l'un sur le Mincio, l'autre sur Salo. Ce dernier, conduit l'épée aux reins par les dragons, vient s'écraser contre la division Gieu. C'est la victoire ! Par un dernier effort, Bonaparte se porte à Castiglione mais au moment où il arrive pour appuyer Augereau, la division Liptay se débande et se replie en désordre du côté de Mantoue. Le lendemain, 4 août, Wurmser n'arrivant pas, la journée est employée à chasser les ennemis. Gieu, aidé de St-Hilaire, poursuit Quasdanowich, et réussit à les faire rétrograder sur Riva. De tous côtés des régiments se rendent, des bataillons

Castiglione. — Une partie du champ de bataille.

entiers posent les armes ; c'est la déroute, la retraite de la fière colonne autrichienne qui s'éloigne pour rassembler ses débris. Quelques bandes de fuyards errent encore ; l'une d'elles, composée de 4 ou 6000 hommes, arrive devant Lonato et essaie de pénétrer dans la ville. Bonaparte, qui arrive de Castiglione, surpris de la présence de ce corps d'armée, paie d'audace : il s'entoure vivement de son état-major, ordonne d'amener le parlementaire et lui fait débander les yeux au milieu d'un groupe imposant de généraux.

« Allez, dit-il à l'officier intimidé, allez dire à celui qui vous envoie que je lui donne huit minutes pour poser les armes ; il se trouve au milieu de l'armée française ; passé ce temps il n'aura plus rien à espérer.

Effrayés, démoralisés, exténués de fatigue, les Autrichiens se rendent sans avoir combattu.

Toute la nuit l'armée française est en mouvement ; les colonnes viennent se fondre à Castiglione et y prennent position pour la journée du lendemain qui doit être celle d'un nouveau combat, d'un nouveau choc avec les Impériaux mais d'une nouvelle victoire.

Bonaparte fatigue deux chevaux à parcourir la plaine. Au jour, les deux armées rangées en bataille se font face. Le premier, Wurmser prend l'offensive. Sa droite, appuyée contre les hauteurs, attaque vigoureusement la gauche commandée par Masséna; celle-ci opère un mouvement de recul pour engager l'ennemi à s'avancer. Wurmser étend son aile. Bonaparte ne cherche pas à repousser l'ennemi et il semble même ne pas être disposé à combattre. Immobile,

Medole. — L'ancien castello

l'oreille tendue, il attend. Quoi donc ? Le signal que doit lui donner Sérurier dès son arrivée à Cavriana. Soudain, le coup sourd d'un canon ébranle l'air pur du matin et fait tressaillir les ennemis. Les derrières de l'armée autrichienne sont attaqués. Il faut agir ! Bonaparte s'aperçoit que le courage des Autrichiens faiblit, il lance aussitôt une poignée d'artillerie légère sur la redoute de Medole qui, en un instant, est criblée de boulets. Le général Verdier et ses grenadiers arrivent au pas de charge, les chasseurs à cheval de Joubert suivent. La redoute est enlevée. Les clameurs retentissent et la mêlée commence; la fusillade se fait plus chaude, les Français se ruent sur les ennemis. Masséna charge la gauche,

Castiglione. — *Monument élevé en souvenir de la victoire.*

pendant qu' Augereau enfonce le centre. Des lignes entières sont écrasées contre les hauteurs; les Autrichiens ne cèdent le terrain que couvert de cadavres et rougi de sang. Wurmser, aveuglé par la mitraille et peut-être aussi par des larmes de rage qu'il sent gonfler ses vieilles paupières, s'acharne, se cramponne désespérément à la victoire qui le fuit et voyant qu'elle lui échappe, fou de douleur et de honte, il tire son épée et découvre sa poitrine à la rafale de balles

Le Mincio à Borghetto

qui passe, l'effleure, mais ne le frappe pas. La retraite seule peut encore le sauver ; il le comprend, se retire et, poursuivi jusqu'à Borghetto par les troupes exténuées de Masséna, repasse le Mincio. Le reste de l'armée, incapable de marcher davantage, s'allonge et s'étend dans la plaine redevenue peu à peu calme et silencieuse. « Wurmser n'avait perdu que 12.000 hommes ce jour-là, mais il n'en avait pas moins perdu l'Italie » (Thiers).

Le 6 août, Augereau passe le Mincio à Borghetto, tandis que Masséna culbute à Peschiera la division autrichienne qui masque la place, prend 12 pièces de canon et fait 700 prisonniers. Ce siège levé, l'intrépide général remonte la rive orientale du lac à la suite des ennemis et reprend position à Rivoli et à la Corona. Cependant Vérone est encore occupée par Wurmser. Bonaparte se présente devant cette ville, escorté de la division Augereau, mais ne peut pénétrer ; les portes sont verrouillées et les ponts-levis levés. Foscarini, le provéditeur de la République de Venise, demande deux heures de répit, pour permettre aux Autrichiens d'évacuer, sans avoir à défendre leurs bagages aux Français. « Artilleurs à vos pièces ! » crie le général en chef impatienté. Les canons sont braqués, les

L'armée qui vous menaçait avec orgueil ne trouve plus de barrière qui la rassure contre votre courage.

portes enfoncées par une décharge de mitraille et la ville prise. Wurmser, tout honteux de sa malheureuse campagne, se hâte de reprendre la route du Tyrol ; il remonte jusqu'à Trente et Roveredo après avoir encore perdu le 11 août la position très importante de la Corona et le 12 la ligne de la Chiese. Après une vaillante lutte, St-Hilaire réussit à s'emparer de Rocca d'Anfo, de Lodrone et de Riva.

Mantoue est de nouveau étroitement bloquée par la division Sérurier placée sous le commandement du général Sahuguet.

Six jours auparavant, au moment de se séparer de Joséphine, à Brescia, Bonaparte voyant couler les larmes de sa femme, l'avait prise dans ses bras et s'était écrié, une flamme au fond de ses sombres prunelles. « Wurmser payera cher les pleurs qu'il te cause ». Ils coutèrent, en effet, fort cher au vieux feld-maréchal qui perdit, en une semaine, 20.000 hommes, prisonniers, morts ou blessés, 70 pièces de canon, neuf drapeaux et ce qui lui était plus cher que tout : « l'honneur des armes. »

La Marche en Tyrol

ROVEREDO — BASSANO — ST-GEORGES — MANTOUE — *IIIe blocus.*

L'armée française, lasse de tant de marches forcées et de tant de bravoure, se repose. Vingt jours se passent. Wurmser secoue son abattement, rassemble autour de lui les miettes de ses divisions, qui s'élèvent encore à 40.000 hommes, et élabore un plan nouveau. La vallée de la Brenta s'ouvre non loin de mon quartier-général, se dit-il, je m'y engage avec 25.000 hommes, en ayant soin de laisser derrière moi Davidowich avec 18 à 20.000 soldats pour garder le Tyrol, et, par la chaussée qui conduit dans les plaines de Vicence et de Padoue en passant par Bassano, je descends parallèlement à l'Adige; tournant ensuite brusquement à gauche, je franchis ledit fleuve entre Vérone et Legnago et cours délivrer Mantoue. Bonaparte, renseigné par ses espions, va attendre que son adversaire se soit séparé de son lieutenant pour fondre sur ce dernier, l'attaquer en débouchant par

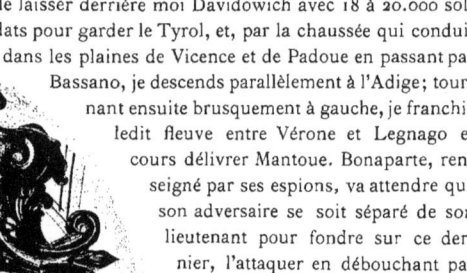

Castiglione. — Inscription et fronton de la maison où logea Bonaparte

les trois routes du Tyrol et l'écraser avant que le feld-maréchal ait seulement eu le temps de se retourner. Une fois maître de la première vallée, il enfilera la chaussée de Bassano et tombera sur l'arrière-garde du vieil Autrichien qui, heurté de front et en queue par toute la masse des troupes républicaines, se verra forcé de capituler.

Les colonnes s'ébranlent le 1er septembre et s'enfoncent dans le Tyrol. Vaubois remonte le Chiese, son avant-garde rencontre l'ennemi au pont della Sarca, le culbute et le poursuit jusqu'au camp de Mori. Masséna s'avance sur la rive gauche de l'Adige. Pigeon, qui commande la tête d'une des colonnes, bat à Seravalle, les Autrichiens qui rebroussent chemin jusqu'à San-Marco.

Le 4 septembre, une bataille s'engage entre les deux armées postées moitié sur une rive, moitié sur l'autre. Pendant deux heures, Autrichiens et Français s'acharnent au combat et s'entre-tuent avec rage, enfin, après une résistance opiniâtre, le camp de Mori cède et San-Marco est occupé.

Bonaparte envoie l'ordre à Dubois de poursuivre l'ennemi ; ce général part aussitôt à la tête de 500 hussards, charge, mais frappé de trois balles tombe blessé à mort. « Avant que je meure, dit-il à Bonaparte, faites-moi savoir si nous sommes vainqueurs ». On l'emporte. Les Autrichiens fuient, et se précipitent dans Roveredo. Mais les Français sont sur leurs talons ; les soldats de la 18me commandés par le général Victor, au pas de course, pénètrent à leur suite dans la ville, les poussent devant eux et les forcent à continuer leur route vers Trente. Le général Victor et le général Rampon arrivent en même temps aux portes de la ville ; le premier l'a traversée au pas de course, le second, sur l'ordre de Bonaparte, l'a tournée en balayant tout le terrain compris entre les murs d'enceinte et l'Adige. Les Impériaux se retirent dans le défilé de Calliano. Ce défilé est un étroit couloir au fond duquel coule l'Adige. Les montagnes s'y élèvent à pic et ne laissent que fort peu d'espace pour le passage de la chaussée qui est gardée, à l'entrée, par le château de la Pietra et une haute muraille garnie de pièces d'artillerie. Pour déloger l'ennemi de ces sombres gorges, Bonaparte fait deux parts de son infanterie, montre à l'une les hauteurs et à l'autre l'Adige. Les soldats ont compris, les uns s'élancent, escaladent les rochers, suivent les crêtes et tirent sur la masse des ennemis qui encombre la chaussée, les autres, en une mince file, longent le cours du fleuve. Le château est tourné. Au pétillement de la mousqueterie, s'ajoute le roulement de tonnerre des canons qui se répondent. Dommartin ne peut opposer que huit pièces à toute l'artillerie ennemie mais sa position décuple ses forces et les Impériaux faiblissent. La garnison du château est désarmée et les Français, en colonne serrée, fondent sur les Autrichiens qui, épouvantés, remontent le défilé.

Le pont de Bassano.

Un aide de camp de Bonaparte, Lemarois, essaye d'arrêter le troupeau ennemi en s'élançant avec 50 hussards pour atteindre la tête de la colonne; jeté à bas de son cheval et blessé plusieurs fois, il ne peut continuer. Cependant sa hardie chevauchée sème la terreur parmi les ennemis qui se laissent faire plusieurs milliers de prisonniers. Le soir, on compte les trophées, on évalue le butin de la bataille de Roveredo et l'on trouve que les soldats de l'Empereur ont abandonné 6.000 prisonniers, 25 pièces de canon, 50 caissons et 7 drapeaux dans les mains de leurs vainqueurs. La journée avait été rude, mais belle.

Wurmser cependant n'est pas vaincu. Bonaparte n'accorde aucun repos à ses troupes; toute la nuit les soldats cheminent pour arriver à Trente avec l'aube. Le 5, l'ancien quartier-général du feld-maréchal devient celui de Bonaparte. A peine arrivé, le général en chef rassure les habitants par une proclamation.

Tyroliens !

Vous sollicitez la protection de l'armée française, il faut vous en rendre dignes. Puisque la majorité d'entre vous est bien intentionnée, contraignez ce petit nombre d'hommes opiniâtres à se soumettre. Leur diète insensée tend à attirer sur leur patrie les fureurs de la guerre. La supériorité de nos armes est aujourd'hui constatée. Les ministres de l'Empereur, achetés par l'or de Angleterre, se trahissent ; ce malheureux prince ne fait pas un pas qui ne soit une faute. Vous voulez la paix! Les Français combattent pour elle. Nous ne passons sur votre territoire que pour obliger la cour de Vienne de se rendre au vœu de l'Europe désolée, et d'entendre le cri de ses peuples. Nous ne venons pas ici pour nous agrandir : la nature a tracé nos limites au Rhin et aux Alpes dans le même temps qu'elle a posé au Tyrol les limites de la maison d'Autriche.

Tyroliens ! qu'elle qu'ait été votre conduite passée, rentrez dans vos foyers ; quittez ces drapeaux tant de fois battus et impuissants pour vous défendre. Ce n'est pas quelques ennemis de plus que peuvent redouter les vainqueurs des Alpes, et de l'Italie, mais c'est quelques victimes de moins que la générosité de la nation m'ordonne de chercher à épargner. Nous nous sommes rendus redoutables dans les combats, mais nous sommes les amis de ceux qui nous reçoivent avec hospitalité.

Les Tyroliens n'ont pas le temps de souffrir de la présence des Français qui ne séjournent qu'un jour dans leur capitale. Bonaparte, renseigné par Kilmaine sur la marche de Wurmser, donne le signal du départ. Il faut au plus vite rejoindre le feld-maréchal. En deux jours, les Républicains franchissent 20 lieues, emportent les gorges de Primolano, comme ils ont emporté celle de

Porto-Legnago. — Porte de Padoue.

Porto-Legnago — Le Pont sur l'Adige

Calliano, font 3000 prisonniers, s'emparent du petit fort de Covolo et arrivent enfin au village de Cismon fourbus, mourant de fatigue. Bonaparte, exténué de l'effort qu'il vient de faire, s'arrête et tenaillé par la faim, incapable d'attendre les vivres qui arrivent avec le reste de son armée, demande à un soldat de partager son pain avec lui. Le lendemain, les troupes se remettent en marche. Wurmser, en apprenant l'approche des Français, reste frappé de stupeur. — Comment! déjà! mais je les croyais à Innsbruck ; enfin se dit-il, je puis encore arrêter cette armée maudite et l'enfermer dans la vallée de la Brenta.

En toute hâte il rassemble ses hommes, place les divisions Sebottendorf et Quasdanowich des deux côtés du fleuve et pousse six bataillons en amont de la ville. A deux heures du matin, Bonaparte quitte Cismon et s'avance vers l'ennemi, près du village de Solagna, dans de nouvelles gorges, « bordées de grands rochers roux». C'est là que va se livrer le nouveau combat. Bonaparte, après avoir, en quelques phrases, de sa voix nette et pénétrante, chauffé l'âme de ses soldats, les lance sur les Autrichiens, qui, devant tant de fougue, se replient sur Bassano, pourchassés par la cavalerie de Murat et par toute l'armée française.

Augereau attaque la ville par la gauche, y entre au pas de charge, pendant que Masséna passe le pont qui le sépare de Bassano, s'empare des pièces et, en tête des carabiniers de la 4me légère, débouche dans la grande rue. Wurmser prend la fuite avec le trésor de son armée, abandonne aux vainqueurs 35 pièces de canon, deux équipages de pont de 32 bateaux tout attelés, 5000 prisonniers et se réfugie à Vicence où il rallie la division Mezaros.

Mais Masséna approche, le feld-maréchal se sent perdu ; sa capitulation n'est plus qu'une question d'heures. Incapable de passer le fleuve, faute d'équipages, il va être enfermé entre l'Adige et la Brenta, cerné par les baïonnettes

Vicence. — Le Mont-de-Piété.

françaises, mis bientôt en demeure de choisir entre la honte et la mort. Le malheureux vieillard promène en vain son reste d'armée le long du fleuve, dans l'espoir de trouver un passage guéable. Il n'en n'existe pas. Il se résigne alors à attendre l'ennemi, lorsqu'on vient lui apprendre que Legnago a été évacué par Sahuguet et que le pont n'a pas été coupé. C'est le salut! Wurmser y court, passe le fleuve et file sur Mantoue. Bonaparte, furieux de voir sa proie lui échapper par suite de la négligence d'un officier, ordonne à Masséna de se transporter sur la rive gauche et de couper aux Autrichiens la retraite de Mantoue en se plaçant à Sanguinetto. Masséna obéit, traverse le Mincio à Ronco et Augereau marche sur Porto-Legnago. Arrivée au village de Cerea, l'avant-garde de Wurmser se trouve brusquement en présence avec les troupes françaises qui lui barrent la route.

Décidés à passer, les Autrichiens fondent, tête baissée, sur les soldats de Masséna, les culbutent, les rejettent au-delà du pont et précipitent leur marche sur Mantoue. Ils passent à Sanguinetto, franchissent la Molinella à Villimpenta, traversent Jalolle, Vitea, Carpaneta et Roncoferraro, arrivent à Mantoue le

13 septembre et campent entre St-Georges et la Favorite. Des escarmouches s'engagent, des embûches se tendent. Masséna, qui de Castellaro s'est avancé à Due-Castelli, attire les ennemis, leur livre de petits combats, comme pour les inviter à s'approcher et à engager une bataille sérieuse. L'aigle autrichien, que tant de revers avaient abattu, relève soudain ses deux têtes au bruit de ces derniers succès; un nouveau courant d'énergie passe dans les rangs de l'armée impériale, le vieux chef lui-même se sent au cœur une ardeur nouvelle. Le mauvais sort qui s'attache à ses pas serait-il conjuré? Et ses vieux lauriers reverdiraient-ils?

Les généraux exhortent les troupes postées sur le Mincio et dans la direction de Crémone à vaincre ou à mourir. Enfin, dans l'après-midi du 19, la lutte commence. La division Masséna s'étend près de Due-Castelli et forme le centre. Augereau, après avoir pris et traversé Legnago, arrive à Governolo et forme la gauche. Sahuguet, ayant sous son commandement les troupes du blocus, rassemble ses forces sur la route de Roverbella et, le premier, marche sur St-Georges. A deux heures Pigeon attaque, le feu des ennemis arrête ses hommes.

Mantoue. — Le château St-Georges

Victor accourt, massacre les ennemis et s'empare de la citadelle. Rampon fait donner la réserve pour soutenir Augereau qui fléchit. Mais Wurmser résiste encore, c'est son dernier retranchement qu'il défend, c'est de cette lutte suprême que dépend son sort. 6000 Autrichiens viennent tomber sur la 32me adossée à une petite colline ; la brave demi-brigade résiste et force ensuite l'ennemi à reculer. Masséna fait un geste, donne un ordre et aussitôt sa division, dans un fracas infernal de cuivres et de tambours, se jette sur la réserve autrichienne.

A 7 heures, tout est fini : l'aigle impérial, après un dernier spasme, bat des ailes, il est à l'agonie. St-Georges et la Favorite flambent, une clameur jaillit et monte dans le ciel qui s'illumine : vingt mille Français entonnent la Marseillaise.

Mantoue. — Fortifications. — Porte Cerese.

Bonaparte entraîne ses grenadiers à Arcole. — Gravure (Musée de Milan).

Lutte contre Alvinzi

Création de la République Cispadane. — Bataille de la Brenta. — Caldiero.

ARCOLE

L'armée de Wurmser abattue, une autre se reforme et se recrute dans le Frioul. Bonaparte croyait avoir terminé la lutte avec l'Autriche et il voit repousser une troisième tête à l'hydre qu'il pensait avoir terrassée. Ses troupes auront-elles encore la force de combattre contre une nouvelle armée? Eclaircies par les boulets ennemis et par les fièvres du pays, épuisées de fatigue par la marche précipitée qu'elles viennent de faire, elles s'arrêtent, haletantes. Le général en chef s'alarme et demande des secours au Directoire. « On nous compte, écrit-il, le prestige de nos forces disparaît. Des troupes ou l'Italie est perdue ».

30.000 hommes sont nécessaires à Bonaparte pour continuer la campagne, mais si ses besoins sont grands, le danger l'est aussi, car aux 50.000 soldats qui vont arriver dans six semaines, il n'en pourra opposer que 27.000.

Il faut, d'autre part, hâter les négociations avec Gênes et Naples, afin de diminuer les ennemis et tâcher de réparer la faute que le Directoire a commise, en exigeant du Pape la rétractation de tous les brefs rendus contre la France pendant l'année 1789. Cette clause du traité passé avec le Saint-Siège, avait occasionné une rupture avec Rome et avait fait rebrousser chemin aux seize millions de contribution qui devaient être le prix de la paix signée avec le Saint-Père. Ce système politique, proposé par Bonaparte, est d'abord rejeté puis accepté par le Directoire qui en

Monument élevé en souvenir de la victoire d'Arcole.

La Brenta à Bassano.

reconnaît la justesse. Le 9 octobre, la paix est conclue avec la République de Gênes et le 10 avec le royaume des Deux-Siciles. Ces deux puissances fermeront leurs ports aux Anglais, ne prêteront plus leur appui à l'Autriche et devront observer, rigoureusement, la neutralité à laquelle elles s'engagent. De plus, Gênes, rendue responsable de la perte de la frégate française, *La Modeste*, enlevée par Nelson dans son port, est frappée d'une indemnité de quatre millions. Les pourparlers continuent cependant avec le nouveau roi du Piémont, Charles-Emmanuel, qui ne demande rien moins que d'agrandir son royaume de toute la Lombardie. Enfin le Directoire, énervé d'user de tant de diplomatie à l'égard de ces petits états, passe ses pouvoirs à Bonaparte et l'autorise à traiter directement avec le Vatican. Le jeune général en profite pour désapprouver les agissements de son gouvernement, qui avait eu la maladresse de mêler les choses spirituelles aux intérêts temporels, et fait savoir au pape qu'il désire « finir par la paix une lutte que la guerre terminerait pour lui sans gloire comme sans péril ». Le cardinal Mattei est sorti du couvent dans lequel il était enfermé par ordre de Bonaparte et expédié à Rome, avec la mission d'aller éclairer le Saint-Père sur ses vrais intérêts. Bonaparte use de ménagements et de finesse avec la papauté car il sait que son autorité et son influence, sur le peuple fanatique, sont toutes-puissantes et il espère même, par d'habiles manœuvres, voir revenir à l'armée les seize millions qui s'en sont bien sagement allés remplir à nouveau les caisses du Vatican. Enfin, par un raisonnement qui ferait honneur au plus vieux diplomate, il pense empêcher les progrès de l'exaltation religieuse en Italie en créant, dans les Etats du duc de Modène et dans les anciennes légations papales, un mouvement patriotique et en favorisant, par son appui, l'organisation d'une nouvelle république qui serait établie sur les mêmes principes que la République Française et comprendrait les villes de Modène, Reggio, Bologne et Ferrare. Il saisit la première occasion qui se présente pour déclarer l'armistice violé, pour détrôner ensuite le duc de Modène et proclamer libres les villes qui étaient sous cette domination. Un congrès est aussitôt organisé. Bonaparte décide les légations à envoyer des représentants à Modène, devenue le siège de la nouvelle assemblée. Une centaine de députés sont réunis et, dès la première séance, votent, d'un commun accord, l'établissement d'une nouvelle république qui prendra le nom de *République Cispadane* et aura Bologne comme capitale. Ils proclament l'égalité de tous devant la loi, abolissent la féodalité et décident de lever, pour la sûreté générale, une légion forte de 3.000 hommes. Dans le courant de janvier, l'assemblée élabore la constitution qui devra régir les états fédérés. L'émancipation des quatre villes produit une très vive impression dans toute l'Italie. La Lombardie, surtout, s'alarme d'être laissée de côté et tremble d'avoir à subir de nouveau la domination autrichienne; mais Bonaparte pose sur elle sa main pacificatrice et la rassure sur son sort. A la fin octobre, grâce aux talents politiques de son jeune chef, l'armée française a ses derrières et ses flancs assurés, par l'appui ou la neutralité des différentes puissances du pays.

Bonaparte, après un mois de travail de cabinet, peut songer à reprendre les hostilités avec l'Autriche. Le Conseil Aulique, consolé des revers de ses deux généraux en Italie par les succès remportés sur nos armées de Sambre-et-Meuse et du Rhin, pense que la poignée d'hommes qui a mis en déroute ses plus beaux régiments, ne pourra résister aux coups que lui porteront des troupes fraîches et bien commandées.

Alvinzi reçoit l'ordre d'arracher des mains de ce maudit petit Bonaparte, le sceptre du royaume qu'il a ravi. Valeureux, fort des succès déjà remportés en Belgique, en Allemagne, en Turquie et fier d'une telle mission, le nouveau champion de la monarchie impériale s'avance, avec 50.000 hommes répartis en deux colonnes, dans la vallée de la Brenta — théâtre des opérations malheureuses de son prédécesseur. Tout comme Wurmser, il confie la garde du Tyrol à Davidowich, laisse à ce lieutenant 20.000 hommes qui devront chasser de Trente et du Lavis les 12.000 soldats de Vaubois, et se dirige lui-même sur Bassano. Son idée est d'opérer sa jonction avec Davidowich à Vérone pour voler ensuite, avec toute son armée, débloquer Mantoue et sauver Wurmser.

Vicence — Le Palais Municipal

Masséna essaie, par une attaque, d'arrêter les Autrichiens, mais lorsqu'il se rend compte du nombre des ennemis, il se replie bien vite sur Vicence. Bonaparte arrive à son secours avec la division Augereau. Le 6, dès l'aube, l'armée française reprend l'offensive et suit le général en chef qui l'entraîne à la rencontre d'Alvinzi. Masséna, après une lutte longue et sanglante, rejette Liptay et Provera sur la rive gauche de la Brenta à Carmignano, tandis que Bonaparte, secondé par Augereau, chasse Quasdanowich de Lenove, le pousse sur Bassano; mais arrivées non loin du pont, les troupes se buttent à la réserve Hohenzollern. Deux heures de fusillade, une bousculade, 900 Croates sont mis à mort, le village est enlevé et le passage du pont libéré. La nuit tombe, il ne faut pas songer pouvoir avancer davantage. Les Français allument les feux et bivouaquent, en remettant au lendemain leur entrée dans la ville. Vers deux heures du matin cependant, une rumeur passe dans le camp et le trouble ; des ombres se lèvent, Vaubois a été forcé, disent-elles. Son premier avantage remporté à St-Michel, ses troupes, prises soudain d'une épouvante folle, se sont mises à reculer et à fuir. Elles n'ont pu être ralliées que dans le défilé de Calliano, Davidowich menaçant de les couper, d'envahir la Corona et le plateau de Rivoli. La position de Vaubois devient très critique et à la nouvelle de la reculade de son lieutenant, Bonaparte juge impossible le plan qu'il a fait de battre Alvinzi pour remonter ensuite vers le Tyrol et prendre Davidowich à revers. Il y renonce et se décide sur-le-champ à abandonner la vallée de la Brenta, pour aller appuyer sa gauche si fortement compromise. Persister contre Alvinzi eut été une faute grave, car Vaubois, n'ayant pas des forces suffisantes pour résister à la poussée autrichienne, aurait facilement été débordé et Davidowich serait venu, d'un bond, opérer sa jonction avec son

Vérone — Palais Forti

Inscription du Palais Forti à Vérone

général à Vérone. Bonaparte, sentant le danger, envoie un officier de son état-major, le colonel Vignoles, à Vérone pour masser les forces qui s'y trouvent et les porter sur la Corona et Rivoli. Ce mouvement, exécuté rapidement, permet à nos troupes d'occuper les positions avant l'arrivée des ennemis et les premiers tirailleurs autrichiens qui se présentent sont si surpris de se voir devancés, qu'ils ne songent même pas à répondre au feu roulant des Français. Joubert arrive avec un

Caldiero. — Le Castello.

détachement du blocus de Mantoue et cette diversion donne à Vaubois le temps de se retirer en bon ordre en passant sur la rive droite de l'Adige. Bonaparte fait rétrograder l'armée sur Vicence, Vérone et se rend ensuite sur le plateau de Rivoli, afin de s'assurer par lui-même de la situation de Vaubois. Les troupes sont réorganisées et prêtes à soutenir la lutte contre Davidowich, mais leur courage ne faiblira-t-il pas de nouveau en présence d'ennemis si nombreux? Le général en chef, qui connaît bien ses hommes, s'assure de leur zèle et de leur dévouement en les cinglant de quelques paroles qui blessent leur amour-propre.

« Soldats! dit-il aux demi-brigades assemblées, je ne suis pas content de vous; vous n'avez montré ni discipline, ni constance, ni bravoure; aucune position n'a pu vous rallier; vous vous êtes abandonnés à une terreur panique. Vous vous êtes laissé chasser des positions où une poignée de braves devaient arrêter une armée. Soldats de la 39me et de la 85me, vous n'êtes pas des soldats français. Général chef d'état-major, faites écrire sur les drapeaux : *Ils ne sont plus de l'armée d'Italie* ».

Les braves grenadiers ne peuvent supporter ce blâme et cette humiliation ; les plus vieux s'écrient avec des larmes dans la voix:

— Général, on nous a calomniés, nous nous sommes battus un contre trois; mettez-nous à l'avant-garde et vous verrez si la 39me et la 85me sont de l'armée d'Italie.

Bonaparte corrige la dureté de ses paroles par quelques mots bienveillants et quitte la division Vaubois avec la conviction que les hommes qu'il vient de haranguer se feront tuer jusqu'au dernier, plutôt que d'abandonner le poste qui leur est confié. Alvinzi, averti de la retraite de son adversaire, repasse la Piave et se met à le suivre d'un peu loin. Il s'engage enfin sur la chaussée qui conduit de Vicence à Vérone, passe à Montebello, Villa-

Nova, et s'arrête à quelques lieues de Vérone. Ses troupes s'établissent sur les hauteurs de Caldiero. Ces derniers contreforts des Alpes s'abaissent jusqu'au fleuve ne laissant, entre l'Adige et leurs pieds, que le passage de la chaussée. Bonaparte ne peut laisser plus longtemps son armée exposée à être prise en queue et en tête par les deux divisions autrichiennes. La nécessité d'agir et de vaincre s'impose. Il quitte Vérone le 11 à deux heures

Vérone. — Intérieur du Pont des « Scaliger ».

du soir, avec les divisions Masséna et Augereau, s'avance vers les ennemis, culbute l'avant-garde et vient bivouaquer aux pieds des hauteurs où ils sont établis. Le lendemain, après avoir reconnu les positions de l'armée autrichienne, Bonaparte décide l'attaque. Il lance Masséna sur l'aile droite de l'ennemi qu'il juge mal appuyée et ordonne à Augereau de charger sur la gauche. Les Autrichiens faiblissent sous la poussée et, d'un élan, la première division s'envole vers la hauteur.

  La mitraille de l'arrête pas, elle monte toujours plus haut, mais vers quatre heures, des tourbillons de neige et de grêle se mêlent à l'orage de plomb et de feu. Les soldats, le

Vérone. — Le vieux pont des « Scaliger » et le Château

visage meurtri, la respiration courte, s'arrêtent et sont bientôt rejoints par les réserves de Brabeck, Schubirz et Provera, qui les forcent à battre en retraite. Masséna se retire, Augereau recule. Bonaparte tente un dernier effort et, se voyant impuissant à lutter contre les éléments, se résout à passer la nuit comme la précédente. Le 13 octobre, les Français réintègrent leur quartier-général de Vérone.

Pour la première fois, depuis le début de la campagne, les Autrichiens restent maîtres du champ de bataille ; et ce fait inattendu leur paraît tellement surprenant, tellement extraordinaire, que ce n'est pas de la joie qu'ils en conçoivent, mais du délire. Ils font fabriquer une grande quantité d'échelles qu'ils amènent tout près de Vérone, déclarant à qui veut les entendre, qu'elles vont bientôt servir à escalader les murs de la ville. Les bruits d'assauts, d'attaques, arrivent aux oreilles des Républicains, mais ceux-ci ne s'émeuvent pas, ils sont tristes, démoralisés ; la gloire ne leur sourit plus. Ils se réunissent par petits groupes et grognent de méchante humeur.

— Voilà huit mois que nous nous battons, que nous payons de notre sang et de notre vie les victoires de la République ; faudrait voir à nous relever de notre poste. Qu'est-ce donc que font les conscrits de la Meuse et du Rhin ?

— Moi, je demande mon congé ; j'en ai assez, dit l'un.

— Et moi, souffle un autre, je ne marche plus, je n'ai plus de souliers.

— Les citoyens de l'Empereur ? Quand il n'y en a plus, il y en a encore !

— Oui, après ceux de Beaulieu ceux de Wurmser, après ceux de Wurmser ceux d'Alvinzi. Y a pas de raisons pour que ça finisse !

En est-il qui préféreraient retourner sur les sommets de l'Appennin ou des Alpes

Arcole. — Panorama du champ de bataille. — A gauche l'Adige et le clocher de Ronco. —

— Nous y laisserons notre peau et là-bas, les ci-devants Directeurs diront encore qu'on n'a pas fait son devoir.

Une mince silhouette s'avance sans bruit ; tout chétif, enveloppé dans sa capote sombre, le petit général écoute parler les hommes, puis, ses yeux aigus fixés sur les grenadiers, demande :

— Sont-ce bien les soldats d'Italie que j'entends parler ainsi ? A cette voix sonore et tranchante, les colosses se retournent. Quoi, continue Bonaparte, vous voulez aller sur les Alpes ? Vous n'en êtes plus capables ; des bivouacs arides et glacés de ses stériles rochers, vous avez bien pu conquérir les plaines délicieuses de la Lombardie ; mais des bivouacs riants et fleuris d'Italie, vous n'êtes plus capables de retourner dans les neiges. Nous n'avons plus qu'un effort à faire et l'Italie est à nous. Que ceux qui ne veulent plus se battre ne cherchent pas de vains prétextes, car battez Alvinzi et je vous réponds du reste.

Cela dit, il s'éloigne et se dirige vers un autre groupe. L'espoir et le courage renaissent sur son passage et cependant voici la lettre que, le soir même, il adresse au Directoire :

« Tous nos officiers supérieurs, tous nos généraux d'élite sont hors de combat. L'armée d'Italie, réduite à une poignée d'hommes, est épuisée. Les héros de Lodi, Millesimo, Castiglione et Bassano sont morts pour la patrie ou sont à l'hôpital ; il ne reste plus aux corps que leur réputation et leur orgueil. Joubert, Lannes, Lanusse, Victor, Murat, Chabot, Dupuy, Rampon, Pigeon, Chabran,

Que ceux qui ne veulent plus se battre ne cherchent pas de vains prétextes.

La chaussée de Ronco à Arcole, dans le fond, au centre, on aperçoit Porcil et Caldiero.

Saint-Hilaire sont blessés ainsi que le général Ménard ; nous sommes abandonnés au fond de l'Italie... Ce qui me reste de braves voit la mort infaillible, au milieu des chances si continuelles, et avec des forces si inférieures. Peut-être l'heure du brave Augereau, de l'intrépide Masséna, de Berthier, la mienne peut-être, est près de sonner... Alors ! alors ! que deviendront ces braves gens ? Cette idée me rend réservé ; je n'ose plus affronter la mort, qui serait un sujet de découragement et de malheur pour qui est l'objet de mes sollicitudes... Si j'avais reçu la 83me demi-brigade, forte de 3.500 hommes connus de l'armée, j'eusse répondu de tout. Peut-être, sous peu de jours ne sera-ce pas assez de 40.000 hommes. »

Et malgré cela, Bonaparte ne renonce pas à la lutte. Seul en face des difficultés à surmonter, il médite. Et après avoir examiné longuement les différents plans qu'il serait possible de suivre et envisagé toutes les hypothèses, il prend le parti le plus audacieux de tous, mais le seul offrant encore quelques chances de succès : celui d'aller couper Alvinzi.

A onze heures du soir, les soldats reçoivent l'ordre de prendre les armes ; il obéissent ; le silence leur est commandé ; ils se taisent. En trois colonnes, l'armée française passe les trois ponts de Vérone ; 15.000 hommes se trouvent alors réunis sur la droite de l'Adige. Une angoisse poigne le cœur des hommes. Battrait-on en retraite ? Abandonnerait-on Mantoue ? Tout pousse à le croire. Déjà l'avant-garde franchit la porte de Milan. L'âme lourde, ils cheminent. Mais voici que brusquement, par un à-gauche, les têtes de colonnes quittent la route de Peschiera et viennent longer l'Adige. Que signifie cette manœuvre ? Arrivés à Ronco, aux premières lueurs du jour, les troupes franchissent le fleuve sur le pont qu'Andréossy y a jeté dans la nuit et se trouvent au milieu d'immenses et affreux marais

Battez Alvinzi, et je vous réponds du reste !

sur lesquels courent seulement trois chaussées ; l'une se dirigeant sur Vérone, par Porcil et Gombione, l'autre sur Villa-Nova et la troisième sur Albaredo. Une lumière se fait dans l'esprit des Républicains. Le général, désespérant de vaincre de front 40.000 Autrichiens avec 15.000 Français, avait trouvé le moyen d'égaliser les forces en attirant son adversaire sur un terrain où la victoire ne pouvait être remportée que par la bravoure et non par le nombre de combattants. Comme les mouvements s'étaient exécutés dans l'ombre et le secret il était fort probable qu'Alvinzi allait être tourné et massacré avant même d'avoir pu changer de front. Cette idée ranime les plus abattus. Vite, il faut menacer la seule issue par laquelle les Autrichiens peuvent opérer leur retraite. Augereau se précipite avec sa division sur la chaussée qui aboutit à Villa-Nova ; il traverse rapidement le marais et, d'un bond, arrive à la rivière de l'Alpone. Un petit pont à passer, le village d'Arcole est occupé et Alvinzi écrasé ; mais le moindre retard peut faire manquer l'opération. La 5me légère s'avance ; à son approche des coups de feu partent et viennent prendre la colonne de flanc. Une brigade de Croates, postée sur l'autre rive, défend l'accès du pont et les balles qui s'envolent en nuée, viennent s'abattre, avec un crépitement de grêle, sur l'étroit tablier de bois. Un mouvement de recul de l'avant-garde fait vaciller toute la file des régiments

Vérone. — Le pont de pierre.

Nous n'avons plus qu'un effort à faire, et l'Italie est à nous.

Maisons défendant la tête du pont d'Arcole.

français. A cette vue, Augereau s'élance sur le pont et entraîne deux bataillons de grenadiers ; des paquets de mitraille le rejettent en arrière. Alvinzi, toujours établi à Caldiero, se demande ce que signifie cette vive fusillade qu'il entend du côté des marais, alors que toute l'armée républicaine doit être massée dans Vérone. Il suppose qu'il s'agit d'une attaque sans importance de quelques troupes légères et, sans pousser plus loin les reconnaissances, envoie sur la chaussée de gauche la division Provera et sur celle de droite la division Mitrouski. Masséna, qui s'était engagé sur la digue de gauche, laisse venir à lui les bataillons autrichiens, puis court sur eux au pas de charge, les disloque, les culbute, les fait rouler dans le marais et s'empare d'un grand nombre qu'il fait prisonniers.

Le corps de Mitrouski arrive dans le même temps à Arcole, se joint aux deux régiments de flanqueurs, passe l'Alpone et s'avance sur la digue. Augereau et ses grenadiers se ruent sur les ennemis, les frappent, les sabrent. Des rangs entiers s'abattent dans le bourbier, le reste, poursuivi par tout ce que la division française compte de braves et d'intrépides, rétrograde jusqu'à l'entrée du pont. Mais arrivés là, les vaillants Républicains sont renversés par la décharge des canons ennemis. A cette vue, les uns hésitent, d'autres faiblissent et presque tous reculent. Le temps court et Alvinzi, averti de la véritable position des Français, va arriver avec le gros de son armée. Il faut passer ! Augereau saisit un drapeau et se campe au milieu du pont. Ses hommes le suivent dans la fumée, mais une bordée d'obus, une avalanche de bombes les précipitent dans la rivière dont l'eau se teinte de sang. Noir de poudre, Augereau revient prendre rang. Bonaparte est décidé à en finir, il rallie les fuyards, reforme la colonne et s'écrie en se précipitant à son tour sur le pont, drapeau en main : « Soldats ! n'êtes-vous plus les braves de Lodi ? Suivez-moi ! » Les généraux donnent l'exemple : Lannes, blessé deux fois déjà, Muiron, Helliot, Belliard et tout l'état-major enfin, s'avancent sur l'étroit passage. Les trompettes font rugir leurs cuivres, les tambours battent furieusement. L'impulsion est donnée, la colonne s'ébranle, cible vivante dans laquelle balles, boulets et bombes s'enfoncent, ouvrant d'horribles trous.

Soldats ! n'êtes vous plus les braves de Lodi ? Suivez-moi !

Perspective d'Arcole. — L'Alpone. — Chaussée allant de Ronco à Arcole.

Impassibles, les grenadiers franchissent le pont, mais à la dernière bordée, ils faiblissent et se retirent, mutilés, sanglants. Bonaparte, saisi par ses vêtements et par les cheveux, est entraîné en arrière. Il veut revenir en avant; une décharge renverse ses hommes à ses pieds; il est lui-même précipité dans le marais. Les ennemis accourent, les Français se débandent et dévalent le long de la chaussée. Quelques-uns cependant se sont aperçus du

Le pont d'Arcole. — (reconstruit sur les piles de l'ancien.)

Vérone. — La porta Vescova anciennement porte de Venise.

péril de Bonaparte ; « En avant pour sauver le général ! » crie une voix. Faisant volte-face, les grenadiers, conduits par Belliard et Vignoles, s'élancent sur les Autrichiens, les repoussent au-delà du pont. Bonaparte est arraché de la boue et remis à cheval. Cependant Gieu, après avoir passé l'Adige au bac d'Albaredo, a réussi à tourner Arcole et à s'en emparer ; il est trop tard, la nuit s'avance, on ne peut plus combattre avec succès. Bonaparte, qui est sans nouvelles de Vaubois, fait repasser l'Adige à son armée, afin de pouvoir se porter promptement à son secours s'il était attaqué. De plus, il eut été très imprudent de camper sur des digues entourées de marécages, alors que les réserves et les parcs d'Alvinzi, qui avaient évacué Caldiero dans la journée, étaient en route. L'ennemi doit ignorer le mouvement de retraite des troupes. Pour qu'il ne se doute de rien, le général en chef fait allumer de grands feux, en confie l'entretien à quelques piquets de garde et se retire, emmenant les trophées et les prisonniers. Aucun brillant fait d'armes n'a été remporté pendant la journée, mais d'importants résultats ont été obtenus : Caldiero a été évacué, Vérone n'est plus menacée et le moral des troupes est changé. Le lendemain, 16 novembre, au lever du jour, comme Vaubois n'a pas été attaqué, les Français reprennent les armes, franchissent de nouveau l'Adige à Ronco et se trouvent immédiatement en présence avec les Autrichiens, qui sont repoussés jusqu'à Porcile par Masséna et jusqu'à Arcole par Augereau. A l'entrée du pont, le carnage recommence comme la veille et sans plus de succès. Bonaparte cherche alors un passage près de l'embouchure de l'Alpone dans l'Adige. Le 15ᵐᵉ dragon entasse des fascines dans le lit de la rivière, sans parvenir à le combler. Ordre est aussi donné à l'adjudant-général Vial de longer le fleuve et de le sonder. Le vaillant officier se jette dans l'eau glacée, pour en reconnaître la profondeur et cherche un endroit guéable, mais il

Arcole. — Vue du bac faisant le passage de l'Adige à Ronco

n'en trouve pas. Enfin, après avoir inutilement essuyé le feu meurtrier des Autrichiens pendant plusieurs heures, les Français, décimés, se retirent à la tombée de la nuit et tout comme la veille, bivouaquent sur la rive droite de l'Adige. A 5 heures du matin, des nouvelles arrivent au quartier-général ; Vaubois a été forcé à Rivoli, mais a pu se retirer en bon ordre sur Castel-Novo. Sa position n'est pas inquiétante et Bonaparte s'apprête à marcher une troisième fois contre Alvinzi et à mettre à exécution le plan que, la veille au soir, il a exposé à ses généraux. Les deux jours qui viennent de s'écouler ont changé le moral des troupes ennemies ; la lutte acharnée qu'elles ont eu à soutenir les a épuisées, leur effectif a diminué d'un tiers et lorsque les Autrichiens n'ont plus sur les Français la supériorité du nombre, ils se jugent incapables de vaincre. Bonaparte voit au contraire ses divisions animées d'une belle ardeur guerrière ; excitées par la route, l'odeur forte de la poudre et du sang, elles brûlent du désir de massacrer, de broyer d'un coup, l'armée impériale et n'attendent que le signal du maître pour se ruer en masse, sabre au poing, baïonnette au canon, sur les lourdes colonnes autrichiennes. Pendant la nuit, un pont a été construit pour permettre à la division Augereau de franchir l'Alpone vers son embouchure et d'aller prendre le village d'Arcole à revers. Avec le matin, les hommes se lèvent ; à la pointe du jour, les mouvements commencent et, vers dix heures, la rencontre avec les ennemis a lieu. Le général Robert, qui forme le centre, s'avance sur la digue avec la 75me, bat l'avant-garde autrichienne et la poursuit ; mais il est repoussé à son tour et les ennemis le suivent au pas de charge jusqu'au pont de Ronco. Bonaparte place vivement la 32me dans un petit bois de saules qui borde la chaussée et au moment où la droite française va être tournée, Gardanne sort de son embuscade et tombe sur le flanc des Croates. Masséna débouche de la route de Porcile, après avoir dispersé les ennemis qui menaçaient la gauche, et attaque les derrières de la colonne. C'est la mêlée, le désordre. La mort glane dans les rangs ennemis ; bientôt il ne reste plus, sur la chaussée, que du sang, des armes. Les vainqueurs et leurs prisonniers considèrent le marais couvert de cadavres. Les ennemis affaiblis, Bonaparte ne craint plus de les rencontrer en plaine. Il donne ordre aux troupes d'évacuer les chaussées, de franchir l'Alpone pour aller se ranger de l'autre côté de la rivière. A deux heures, la ligne française se déploie sur Porto-Legnago. Les Autrichiens ont eu l'habileté d'appuyer leur gauche à un marais, ce qui la rend presque inabordable. Mais après une heure de lutte infructueuse, Bonaparte découvre un stratagème qui décide de la victoire. Il charge un officier noir, nommé Hercule, d'aller attaquer les derrières de l'ennemi avec 25 guides et quelques trompettes. La petite troupe se glisse parmi les roseaux, longe l'Adige et, arrivée à l'extrémité de l'aile ennemie, charge. L'air s'emplit du galop des chevaux et de la sonnerie des cuivres. Se croyant tournés, les Impériaux perdent leur assurance. Augereau s'en aperçoit, en profite, fond sur eux et les fait battre en retraite. A ce moment, arrivent les 800 hommes que Bonaparte avait envoyés à Legnago pour prendre position en arrière. Les ennemis ne résistent plus, ils se retirent, et, le lendemain, pressés par Masséna, ils courent, fuient, se précipitent dans San-Bonifacio, Villa-Nova et Montebello. Bonaparte apprend en route la retraite de Vaubois sur Castel-Novo ; il laisse sa cavalerie poursuivre les ennemis et, avec l'infanterie, se porte rapidement sur Vérone pour aller attaquer Davidowich. Il entre le soir même, triomphant, dans la ville par la porte de Venise, passe l'Adige et envoie Masséna soutenir Vaubois à Castel-Novo. Augereau, dirigé sur les hauteurs de

St-Anne, disperse un corps ennemi qu'il rencontre, fait 300 prisonniers, brûle deux équipages de pontons, leurs haquets, enlève quelques bagages et arrive ensuite à Dolce, où il menace de couper la retraite aux Autrichiens. Les positions de la Corona et de Rivoli sont reconquises, la route du Tyrol libérée, la troisième armée vaincue.

Eclatant succès, remporté par une seule bataille, mais une grande victoire.

RIVOLI

L'hostilité de Venise est de plus en plus manifeste ; des régiments esclavons, et dalmates se recrutent et viennent se réunir dans les lagunes ; des bandes de montagnards descendent de Bergame et cependant, malgé sa haine pour les Français, cette République perfide reste sur la réserve et ne livre aucune attaque directe à nos troupes. D'accord avec la cour de Vienne, Rome rompt le traité de Bologne et prend les armes, afin d'attirer l'armée Républicaine sur les bords du Tibre.

Les forces d'Alvinzi vont toujours grossissant, des secours et des renforts arrivent d'Autriche et de Hongrie. L'armée du Rhin fournit quelques milliers de vaillants combattants, le Tyrol donne plusieurs bataillons de tirailleurs. La ville de Vienne fournit, à elle seule, 4000 volontaires, auxquels l'Impératrice remet des drapeaux brodés de sa main.

Les précieuses aigles impériales seront défendues avec valeur, puis perdues par les dévoués défenseurs de la vieille monarchie. Que fait et que va faire Bonaparte ? Revenu à Milan après la victoire d'Arcole, le général en chef s'occupe de faire ce qu'il appelle « la guerre aux voleurs. » Les fournisseurs s'enrichissent aux dépens de l'armée et font des bénéfices énormes sur les marchés qu'ils passent avec la République. Ils déploient, nous dit Stendhal, un faste qui frappe d'autant plus, que depuis plusieurs années on n'avait pas idée d'une telle chose. Ce qui pique le plus les officiers, c'est qu'avec le prix de leurs spéculations ils se procurent les bonnes grâces des cantatrices les plus brillantes. Les soldats même, bien vêtus, bien nourris, bien accueillis par les belles italiennes, vivent dans le plaisir et dans l'abondance. Les officiers, les généraux, participent à l'opulence générale et quelques-uns commencent leur fortune. Bonaparte, quoique très sobre, ferme volontiers les yeux sur les excès de ses hommes et de ses officiers; plein d'indulgence pour les braves qui ne bronchent pas au feu, il est d'une rigueur extrême pour ceux qui, les jours de combat, montrent le dos aux ennemis et c'est le cas de la nuée d'intrigants qui s'est abattue sur l'armée d'Italie. Il les poursuit sans merci, compulse leurs mémoires, dénonce ceux qu'il juge malhonnêtes et propose même, au Directoire, l'institution d'un Syndicat. Mais son attention se porte aussi sur les mouvements de son adversaire et sur l'attitude des diverses puissances de l'Italie.

Un espion, saisi au moment où il entrait à Vérone et mis en observation, rejette, au bout de deux jours, un petit cylindre contenant une lettre de l'Empereur au général Alvinzi. « Si cette méthode de faire avaler les dépêches n'était pas parfaitement connue, écrit Bonaparte au Directoire, je vous enverrais les détails, afin que cela soit envoyé à nos généraux, parce que les Autrichiens se servent souvent de ce procédé. Ordinairement, les espions gardent

116   AUX PAYS DE NAPOLÉON

Lasalle

cela dans le corps pendant plusieurs jours ; s'ils ont l'estomac dérangé ils ont soin de reprendre le petit cylindre, de le tremper dans l'élixir et de le réavaler. Ce cylindre est trempé dans la cire d'Espagne déliée dans du vinaigre. »

Voici la lettre :

Je m'empresse d'avoir l'honneur de transmettre à V. Exc., littéralement et dans la même langue que je les ai reçus, les ordres de S. M. en date du 5 de ce mois.

Vous aurez soin d'avertir sans retard le maréchal Wurmser... pour ne pas discontinuer ses opérations. Vous lui ferez savoir que j'attends de sa volonté et de son zèle qu'il défendra Mantoue jusqu'à toute extrémité ; que je le connais trop, ainsi que les braves officiers généraux qui sont avec lui, pour craindre qu'il ne se rende prisonnier, surtout s'il s'agissait de transporter la garnison en France, au lieu de la renvoyer dans mes Etats. Je désire que, dans le cas où il fût réduit à toute extrémité et qu'il se trouvât sans ressources pour la subsistance, il trouve les moyens, en détruisant autant que possible ce qui dans Mantoue serait de préférence utile à l'ennemi, et en emmenant la partie des troupes qui sont en état de le suivre, de gagner et de passer le Pô, de se porter à Ferrare et à Bologne et de se rendre, en cas de besoin, vers Rome ou en Toscane. Il trouvera de ce côté très peu d'ennemis, de la bonne volonté pour l'approvisionnement de ses troupes, pour lequel, au besoin, il fera usage de la force ainsi que pour surmonter tout autre obstacle.

« François »

Masséna

Un homme sûr, cadet du régiment de ....., remettra cette dépêche importante à V. Exc. J'ajouterai que la situation actuelle et le besoin de l'armée ne permettent pas de tenter de nouvelles opérations avant trois semaines ou un mois, sans s'exposer derechef au danger de ne pas réussir. Je ne puis trop insister près de V. Exc., afin qu'elle tienne le plus longtemps que possible dans Mantoue... l'ordre de S. M. lui servant d'ailleurs de direction générale...

« Alvinzi »

Murat

La garnison de Mantoue ne se rendra pas tant qu'elle aura des vivres, elle ne se nourrit plus que de viande de cheval et de polenta mais résistera jusqu'à la dernière extrémité. Bonaparte en est maintenant certain. Il se résout alors à temporiser avec Venise, place seulement quelques troupes au château de Bergame et se dirige, avec 3ooo hommes, sur Bologne pour menacer le Saint-Père, intimider la Romagne et traiter, avec le duc de Toscane, la question de l'occupation de Livourne. Le pape croit, dans sa naïveté, que Bonaparte va abandonner les lignes de l'Adige pour s'occuper uniquement de pacifier les quelques mille hommes qu'il a soulevés, mais le général en chef ne perd pas de

LE GÉNÉRAL BONAPARTE AU PONT D'ARCOLE
Tableau de Gros *(Musée du Louvre)*

vue le gros de ses troupes qu'il a laissé en observation à Legnago avec Augereau, à Vérone, avec Masséna, à Rivoli et la Corona avec Joubert, à Dezenzano avec Rey, sans compter les divisions qui cernent Mantoue sous le commandement de Sérurier et les 4 où 5000 hommes répandus dans les différentes places de la Lombardie et de la République Cispadane. A la première alerte, il court reprendre son poste au milieu de son armée, confiant à la légion Républicaine, forte de 4000 hommes, la défense de son propre territoire, et file sur Vérone. Il franchit le Pô à Borgo-Forte avec sa petite troupe, passe à Roverbella et arrive à Vérone à la fin du combat de San-Michele. Le 12, au matin, Masséna attaqué par Bayalitch, repousse son assaut, place vivement ses troupes près de la citadelle, devant la porte de Vescovo et après quelques heures de lutte met l'ennemi en fuite, le pousse sur la route de Caldiero. Il se retire, le soir venu, derrière Vérone, par ordre de Bonaparte. Le général en chef se demande quel va être le nouveau plan d'Alvinzi ; il attend pour manœuvrer que l'ennemi, par une attaque ou par la direction de ses colonnes, lui donne connaissance de ses projets. Dans la nuit du 12 au 13, Duphot mande de Porto-Legnago que de grandes forces se sont déployées sur le bas de l'Adige. Joubert annonce qu'il a été attaqué mais qu'il a pu résister. L'attente stratégique continue ; l'armée se tient prête à partir dès que Bonaparte lui en donnera l'ordre. Seule, la division Rey est dirigée de Dezenzano sur Castel-Novo. Enfin des courriers arrivent au camp, porteurs de nouvelles importantes : une simple attaque de tirailleurs a été faite par Provera sur les rives de l'Adige mais Alvinzi, avec des forces considérables, déborde Joubert sur la droite et sur la gauche, menaçant de lui couper la route de Peschiera. Le vaillant officier occupe et défend Rivoli mais craint de ne pouvoir tenir longtemps sa position.

Bonaparte est fixé sur les intentions de son adversaire ; il abandonne la garde du fleuve à Augereau, et ordonne sur-le-champ à ses hommes de prendre les armes. A dix heures, l'armée s'ébranle et, dans le plus grand silence, se met en marche pour aller barrer la route de Mantoue aux Impériaux. Il fait nuit, une brise âpre et coupante s'est élevée et balaye de gros nuages blancs, qui glissent dans le ciel. La plaine se déroule au loin, uniforme et morne. Bonaparte devance la colonne et arrive à deux heures du matin à Rivoli. A la clarté blafarde de la lune il interroge l'horizon. Le plateau, sur lequel il se trouve, domine une sorte de cirque, fermé de trois côtés par les hauteurs de Monte-Baldo, de la Corona et de San-Marco, dans lequel coule la petite rivière du Tasso. De nombreux feux marquent la présence de l'ennemi. Bonaparte compte 40 à 45.000 Autrichiens. Il remarque qu'ils sont divisés en cinq camps, comprenant chacun une colonne. Le plan d'Alvinzi est très visible ; le général autrichien, trompé par un espion qui lui a assuré que Bonaparte était à Bologne, croit n'avoir devant lui que la division Joubert et il s'apprête à l'enserrer au moyen de cinq bras qui vont s'allonger et venir étreindre les flancs du plateau. Pendant que la première colonne dirigée par Lusignan passera derrière Monte-Baldo, traversera Lumini, Affi, et se glissera contre le mont Pipolo, la seconde commandée par Liptay s'avancera dans le fond du cirque et viendra attaquer la gauche de Joubert, la troisième, ayant à sa tête Koblos, gravira le Monte-Magnone pour s'emparer de la chapelle San-Marco, la quatrième avec Ocskay viendra heurter le front des Français et la cinquième composée de la cavalerie, de l'artillerie et des bagages de l'armée, descendra les deux rives de l'Adige. Une partie, sous la direction de Quasdanowich, débouchera par le défilé de l'Incanale et l'autre, avec Wukassowich, canonnera les troupes françaises de la position de la Chiusa. Bonaparte voit du premier coup d'œil la manœuvre projetée par l'ennemi : 40.000 hommes vont, dans quelques heures, se réunir pour le cerner et l'écraser. Il importe de bien s'établir sur le plateau afin de pouvoir résister aux assauts qui vont se livrer. Joubert, qui avait abandonné la chapelle San-Marco la veille, reçoit l'ordre de la réoccuper avant le jour. Ses troupes se mettent en marche et, à quatre heures du matin, les vallons retentissent déjà des bruits de bataille : cris sinistres et rauques, martellements de pas précipités, cliquetis des armes qui s'entre-choquent. Les Autrichiens se retirent sur San-Giovani et Gambione, abandonnant à la brigade Vial la position importante de la chapelle et à la gauche commandée par Lebley, les hauteurs de Trombolara. Le général en chef distribue ses forces; il établit son quartier-général sur les hauteurs de Zuane, place la trente-neuvième au débouché du défilé de l'Incanale, dans lequel les ennemis vont s'engager, et fait occuper les points décisifs de Monte-Castello, de Chiusa et de mont Rocca. A la pointe du jour l'armée française est en état de prendre l'offensive. Bonaparte s'apprête à marcher à l'ennemi. Joubert, après avoir lutté contre un régiment croate, s'engage peu à peu avec les colonnes d'Ocskay et de Koblos et les refoule mais à neuf heures sa gauche, composée des 85me et 29me demi-brigades, est attaquée puis rompue par la colonne Liptay. La 14me résiste seule et arrête les ennemis. Bonaparte vole à son secours et une estafette part, bride-abattue, porter ces paroles à Masséna qui vient d'arriver. « Vite des hommes et du canon ; nous serons bientôt débordés dans Rivoli ! » La 32me s'élance, charge et tombe sur l'ennemi avec une ardeur, une bravoure incroyables quand on songe qu'elle avait marché toute la nuit. Elle pousse, bouscule et déchire à grands coups de baïonnettes les Autrichiens qui se retirent.

Il est dix heures. Les cartouches commencent à s'épuiser et l'ennemi déborde de partout. Vial recule tandis que Lusignan précipite sa marche et que la colonne Wukassowich défile le long de la rive gauche de l'Adige. Quasdanowich entre en scène, ses hommes, par une vigoureuse pression, forcent le retranchement d'Osteria gardé par la 39me et gravissent la pente qui conduit au plateau. L'infanterie marche en tête pour protéger la lourde artillerie et la cavalerie qui s'engagent aussi dans le défilé ; mais à peine les premiers grenadiers surgissent-ils de l'ombre du ravin, qu'une vive mousqueterie les crible, les fauche, les couche. Ce sont les soldats de Joubert qui, sentant leurs derrières menacés, se sont brusquement retournés pour faire feu sur les assaillants. Très calme au milieu du danger, Bonaparte, avec un admirable sang-froid, ordonne la manœuvre décisive. Quinze pièces sont amenées sur le terrain et la mitraille qui s'envole en rugissant des quinze gueules fumantes vient labourer les flancs de la colonne qui s'éclaircit. Les Autrichiens se resserrent, repoussent du pied les cadavres qui les font trébucher, encombrent la route et avancent d'un pas. Sur un signe du général en chef, Leclerc rassemble ses houzards, tire son sabre, enlève son cheval et hurle : Escadrons en avant !!... Marche !!! Il charge, ses hommes le suivent et, d'un bond, sont au milieu des ennemis. Horrible carnage, les habits blancs des Autrichiens se font rouges et sous les sabots des chevaux, roulent des corps mutilés et sanglants. Un frisson d'épouvante glace les Impériaux et l'écho répète à l'infini le cri de la déroute et de la terreur : Sauve qui peut !!!

L'explosion d'un caisson de poudre, crevé par un obus, porte au comble la terreur

Rivoli.

des ennemis et occasionne une véritable panique: cavalerie, infanterie, artillerie se jettent pêle-mêle au fond du défilé. Masséna lutte encore contre Liptay devant les hauteurs de Trombolara et Vial bat en retraite. Bonaparte, libéré sur la gauche, vient appuyer et dégager la droite. Il lance sur Ocskay et Koblos 200 chevaux. Cette charge imprévue, brillamment conduite par Lasalle, surprend et effraie les ennemis qui se débandent et prennent la fuite.

Impossible de rallier les fuyards! Liptay, ébranlé par la défaite des trois autres colonnes, rétrograde sur Caprino. Il ne reste donc plus qu'à vaincre Lusignan pour avoir vaincu l'armée autrichienne. Ce général a pu se glisser, sans être vu, tout contre le plateau, le tourner et venir prendre les Français à revers, menaçant de leur couper la retraite s'ils étaient battus. Malheureusement pour lui, ils sont vainqueurs et à la première décharge des derniers combattants d'Alvinzi, Bonaparte s'écrie : « Ils sont à nous ». En attendant l'arrivée de Rey qui a reçu l'ordre de quitter Castel-Novo, il fait bombarder le mont Pipolo où se masse la dernière colonne. Pendant un quart-d'heure, Lusignan résiste aux décharges de la batterie établie sur les hauteurs de Campana. Enfin se voyant dans l'impossibilité de résister, il se retire sur Brunisi et vient se heurter contre la brigade Rey qui débouche d'Orza. Pris entre deux feux, les Autrichiens sont écrasés. Un bataillon réussit à s'échapper; la 18me le rencontre, l'arrête et lui fait mettre bas les armes. La bataille est gagnée. Le centre de l'ennemi peut encore revenir à l'offensive, mais isolé il n'est plus dangereux. Bonaparte laisse alors à Joubert et à Rey le soin de poursuivre et de détruire les débris du dernier corps autrichien et se porte, en brûlant les étapes, au devant de Provera. Ce général, qui a réussi à effectuer son passage de l'Adige en lançant un pont à Anghiari, file à grands pas débloquer Mantoue. Il faut le prévenir. Bonaparte saisit la division Masséna et l'entraîne vers de nouveaux combats: 14 lieues séparent Rivoli de Mantoue. Qu'importe !! Les soldats qui vont les franchir ne sentent plus la fatigue de quarante-huit heures de combat ou de marche, car ils viennent d'apercevoir au loin, très loin, une grande vision qui leur fait signe et les appelle : c'est la Victoire !!

Provera, qui a marché vite, se présente devant St-Georges au moment où Bonaparte entre à Roverbella. Le régiment de hussards de Hohenzollern arrive à l'aube devant la porte du faubourg, avec l'espoir d'entrer par surprise. Le général Miollis, en effet, ne garde que faiblement le côté de l'Adige, qu'il croit à l'abri de toute attaque. Toutes ses forces sont massées du côté de la ville. Il va être forcé, lorsque la présence d'esprit d'un vieux sergent sauve la garnison. Ayant remarqué l'approche de cavaliers vêtus de manteaux blancs, un vétéran, qui était occupé à couper du bois non loin de la barrière, s'arrête de travailler et examine attentivement les hussards, qu'il prend tout d'abord pour ceux de Berchini. Le bon état de leurs manteaux l'étonne et lui inspire de la méfiance. Ils sont trop neufs et trop blancs pour appartenir à des Français, déclare-t-il au tambour qui se trouve à ses côtés. Pris de doutes, les deux soldats se précipitent à l'intérieur de la place, ferment la barrière et poussent le cri d'alarme. Miollis accourt avec ses 1500 hommes et lutte toute la journée contre Provera pour défendre l'entrée du faubourg. Le général autrichien se retourne alors du côté de la Favorite et se concerte avec Wurmser pour les opérations du lendemain. A la pointe du jour, le feld-maréchal fait une sortie et attaque les lignes de Saint-Antoine, tandis que Provera se réserve la Favorite. Mais Bonaparte est arrivé dans la nuit et a pris ses dispositions pour empêcher la jonction des ennemis. La 57me, commandée par le général Victor, arrête la ligne autrichienne de Wurmser, la presse, la culbute, la refoule et la rejette dans Mantoue, en faisant un grand nombre de prisonniers. Provera, enveloppé, bloqué, traqué par Sérurier, Masséna, Augereau et Bonaparte lui-même, pose les armes et se rend avec un bataillon de volontaires de Vienne. 6000 prisonniers, 20 pièces de canon et des drapeaux sont le prix de la bataille la Favorite. Les braves demi-brigades républicaines ont surpassé la rapidité, tant vantée, des légions Romaines, elles ont, en quatre jours, parcouru 120 milles, gagné deux batailles et six combats, et fait près de 25.000 prisonniers, écrit Bonaparte au Directoire. Joubert ne se montre pas inférieur aux troupes de Masséna, il fait savoir au général en chef que le succès a couronné ses efforts. Ses mouvements, combinés à ceux de Vial, Vaux, Baraguay d'Hilliers et de Murat arrivé par Salo, ont obligé les ennemis à s'engager dans un défilé appelé l'Escalier de la Madona, dont ils n'ont pu ressortir que prisonniers.

Alvinzi est parvenu à s'échapper, mais il est toujours poursuivi et l'armée française a repris les positions qu'elle avait avant la bataille de Rivoli : Joubert est à Trente, Augereau à Castel-Franco et Masséna à Bassano. Bonaparte, rongé de fièvre, exténué de fatigue et « jaune à faire plaisir », déclarent les Impériaux, se repose un peu à Vérone de l'effort extraordinaire qu'il vient de faire, attendant chaque jour la reddition de Mantoue. Le vieux feld-maréchal, instruit de la défaite et de la déroute d'Alvinzi, ne se résout pas à se rendre. Il déclare avoir encore des vivres pour un an, mais ne peut plus résister. Les hôpitaux regorgent de malades, chaque jour ou plutôt chaque nuit, des charrettes de cadavres se dirigent vers le cimetière. Il ne reste plus dans Mantoue que des ombres affamées ; les chevaux, les chats et même les chiens ont été dévorés. Après une défense héroïque, Wurmser se résigne et envoie Klenau, son premier aide de camp, à Roverbella pour discuter les conditions qui lui seront faites. Sérurier prévient son général de l'arrivée de l'Autrichien. Bonaparte arrive et assiste, incognito, à la conférence des deux officiers. Enveloppé d'un sombre manteau et assis dans un coin rempli d'ombre, il écoute disserter le parlementaire sur les moyens de résistance de Wurmser, son maître ; puis, au bout d'un instant, se lève, s'approche de la table, saisit la feuille qui s'y trouve, prend une plume et se met à écrire. De véritables hiéroglyphes se pressent en marge des exigences de Wurmser et ces caractères indéchiffrables sont les volontés du général en chef. Le dernier paraphe terminé, Bonaparte se découvre et tend le papier à Klenau : « Tenez, lui dit-il, si Wurmser avait seulement pour dix-huit ou vingt jours de vivres et qu'il parlât de se rendre, il ne mériterait aucune capitulation honorable, mais je respecte son âge, sa bravoure et ses malheurs. Portez-lui les conditions que je lui accorde, s'il ouvre ses portes demain. S'il tarde quinze jours, un mois, deux mois, il aura encore les mêmes. Il peut attendre jusqu'à son dernier morceau de pain.

Je pars à l'instant pour passer le Pô et je marche sur Rome. Vous connaissez mes intentions ; allez les dire à votre général. Cela dit, il se retire. Klenau lit les généreuses conditions du vainqueur et, vivement ému, s'incline devant Sérurier et court porter à Wurmser la faveur inespérée.

Le vieux maréchal, plein de reconnaissance, écrit à Bonaparte pour le remercier de sa bonté et, quelques jours après, lui témoigne sa gratitude en l'avertissant d'un complot d'empoisonnement, ourdi contre lui en Romagne. Le 2 février, les portes de Mantoue s'ouvrent et un vieillard de 72 ans, aux cheveux blancs, courbé par l'âge et la défaite, sort de la ville escorté de 200 cavaliers, de 100 hommes et de 6 pièces de canon. C'est Wurmser. Triste, il s'avance. Il espérait remettre son épée à son jeune vainqueur, mais trouve seulement Sérurier qui lui présente les armes. Bonaparte était en Romagne. Sa vanité aussi profonde que son génie, écrit Thiers, avait calculé autrement que les vanités vulgaires. Il aimait mieux être absent que présent sur le lieu du triomphe. »

La Marche sur Rome.

Alvinzi vaincu et Mantoue ayant posé les armes, Bonaparte se dirige sur Bologne pour aller imposer ses volontés au Pape. Ses intentions, à l'égard du Saint-Siège, ne sont pas aussi rigoureuses que celles de Messieurs les Directeurs, qui voudraient voir ruiner le pouvoir temporel du souverain pontife. Non, le jeune chef veut seulement soustraire à la domination papale une ou deux provinces et soutirer des caisses du Vatican quelques dizaines de millions, pour subvenir aux besoins de l'armée pendant la nouvelle campagne contre le prince Charles.

La Cour de Rome s'est rendu coupable de graves fautes envers la République : elle a rompu l'armistice, en soulevant le peuple contre les Français par des manifestes violents et fanatiques, elle s'est liée, malgré son traité, à la cour de Vienne, a refusé toutes les ouvertures de paix du ministre Cacault et n'a pas versé les sommes dont elle était redevable d'après ses engagements pris à Bologne, le 23 juin de l'année précédente. Bonaparte se rend compte qu'il ne pourra rien obtenir de cette cour sans l'intervention de la force et sans l'influence de la terreur qu'inspire toujours sa présence et celle de son armée. Le 10 janvier, la lecture d'une lettre du cardinal Busca, secrétaire d'Etat de Rome, à Monseigneur Albani, ambassadeur de Rome à Vienne, confirme encore son opinion. Toute la politique du Vatican y est dévoilée. En présence d'une mauvaise foi aussi évidente, Bonaparte ordonne à Cacault de quitter Rome, rassemble rapidement les troupes du général Victor à Bologne et lance la proclamation suivante :

L'armée française va entrer sur le territoire du pape ; elle sera fidèle aux maximes qu'elle professe : elle protègera la religion et le peuple. Le soldat français porte d'une main la baïonnette, sûr garant de la victoire, et de l'autre le rameau d'olivier, symbole de la paix et gage de sa protection. Malheur à ceux qui, séduits par des hommes profondément hypocrites, attireront sur leurs maisons la vengeance d'une armée qui, en six mois, à fait 100.000 prisonniers des meilleures troupes de l'Empereur, pris quatre cents pièces de canon de bataille, cent-dix drapeaux et détruit cinq armées.

Ayant ensuite publié un manifeste dans lequel sont exposés ses griefs contre la cour de Rome, Bonaparte quitte Bologne et porte son quartier-général à Imola, au palais de l'évêque Chiaramonte.

Le pape est fort inquiet, la correspondance du cardinal interceptée, lue et publiée par le général en chef, il lui devient impossible de feindre. Mal soutenu par l'Empereur qui vient d'être vaincu une fois de plus par le petit général, Pie VI se met à trembler car il va falloir lutter seul contre le courroux d'un terrible adversaire.

Toute la Romagne est en émoi, les cloches, les lourds bourdons, le tocsin s'ébranlent, et à grands coups de battants crient la révolte et appellent les fervents à prendre les armes. L'encens monte sur les autels, le chuchottement des prières emplit les églises, des miracles s'opèrent, des indulgences et le ciel sont promis à ceux qui défendront la cause sainte, qui feront la guerre pour leur religion. Les moines, les prêtres, un crucifix à la main et un poignard à la ceinture, excitent les paysans, les forcent à s'enrôler dans les armées bénies.

Le 3 février, les Français arrivent à Castel-Bolognese et trouvent, rangés sur la rive droite du Senio et défendant l'accès du pont, 7 à 8000 fanatiques ou soldats, ayant à leur tête le cardinal Busca. Ils prennent aussitôt position, mais leurs manœuvres ont le don d'irriter son éminence qui envoie un parlementaire déclarer que « si l'armée française continue d'avancer on fera feu sur elle ». A cette menace, tout le camp est secoué par un rire inextinguible et on répond au Romain qu'on ne veut point s'exposer aux foudres du cardinal et qu'on va prendre position pour passer la nuit.

A la faveur des ténèbres, Lannes, avec quelques centaines d'hommes, remonte la rivière, la passe à gué à une lieue du pont, et vient couper la retraite de Faenza aux ennemis. Ceux-ci, à leur réveil, se trouvent pris entre deux feux. Ils résistent pendant une heure, mais la colonne du général Lahoz s'avance, serrée, marchant au pas de charge comme un seul homme, sous le plomb et la mitraille. D'une vigoureuse poussée, elle rejette capucins, moines, paysans, mendiants et soldats au-delà du pont, les met en déroute. Le général Victor marche sur Faenza et y arrive le soir même. Les portes de la ville sont fermées, la populace, du haut des remparts, insulte et défie les Républicains. Cependant les gonds sautent, les planches craquent; les Français entrent de vive force au milieu des cris de rage et de terreur de la foule. Pris de pitié pour cette multitude égarée, Bonaparte la sauve du pillage et libère tous les prisonniers.

Soldats et officiers, après avoir été assemblés et harangués dans la cour et le réfectoire d'un couvent, sont renvoyés dans leurs familles, avec mission de propager les idées libérales et pacifiques des Français. Tous se font un devoir de répandre les proclamations du général en chef et à la voix de ces nouveaux apôtres de la cause républicaine, les villes de Forli, Césène, Rimini, Pesaro et Sinigaglia ouvrent leurs portes toutes grandes aux libérateurs des peuples. Les Français s'avancent rapidement et arrivent, sans difficultés, à Ancône où 3ooo soldats du Pape, commandés par Colli et rangés sur les hauteurs qui dominent la ville, les attendent. Mais à l'arrivée du général Victor, Colli et ses officiers disparaissent brusquement du côté de Lorette. Bonaparte envoie un parlementaire faire aux ennemis les sommations d'usage et, sans attendre leur réponse, les cerne, les enveloppe et leur fait mettre bas les armes. Les prisonniers sont ensuite relâchés aux mêmes conditions que ceux de Faenza. La citadelle est prise et le lendemain, 10 février, Notre-Dame-de-Lorette est occupée. « Dans l'église de cette ville se trouve la fameuse *Casa-Santa* demeure de la vierge de Nazareth, lieu où elle fut visitée par l'ange Gabriel. C'est une maison de cinq à six toises carrées, dans laquelle est une *madone* placée sur le tabernacle. La légende dit que les anges l'ont portée de Nazareth en Dalmatie, lorsque les infidèles s'emparèrent de la Syrie, et de là, au travers de l'Adriatique, sur les pitons de Lorette. De tous les points de la chrétienté, disent encore les mémoires de Napoléon, l'on venait en pèlerinage voir la madone. Des présents, des diamants, des bijoux envoyés de toutes parts, formaient son trésor qui montait à plusieurs millions. » Mais à l'approche des Français toutes les richesses sont enlevées et la cour de Rome ne laisse, dans le sanctuaire, que la Vierge en bois grossièrement sculptée ainsi que quelques joyaux. Le Directoire, qui une année auparavant proposait à Bonaparte de soustraire 10.000 hommes de son armée du Piémont pour aller enlever le trésor de la Casa-Santa, doit se contenter de la possession de la vieille madone, que seule le général en chef envoie à Paris.

De Lorette, l'armée marche sur Macerata. Elle n'est plus qu'à quelques étapes de Rome. Bonaparte, qui joint à une profonde science de la guerre les rares qualités du politique, s'allie, par une simple ordonnance, tout le clergé proscrit qui avait émigré en Italie. Ces malheureux prêtres, chassés des couvents, se voient refuser tout refuge. Lorsque Bonaparte met le pied sur les Etats du Pape, aucun asile s'ouvre pour eux. Indigné, le général en chef lance une proclamation et publie un arrêté qui ordonne aux prélats de donner l'hospitalité aux pauvres ecclésiastiques français, leurs frères ; et pour être sûr d'être obéi, il les place sous la protection de son armée. Quelques vieux curés reconnaissent, dans les vaillants hussards et les beaux grenadiers républicains, les enfants de leur paroisse. Tout heureux de retrouver des visages amis ou connus après de longs mois d'exil, ils parlent du doux pays de France, du clocher du village, de ceux qu'ils ont laissés au-delà des Alpes ; et les soldats, émus par ces frêles souvenirs de jeunesse, ces reminiscences du temps où ils vivaient enfants dans leur paisible famille, essuient furtivement une larme en pensant à leur mère, leur fiancée, leur patrie.

A côté de ces scènes touchantes, il s'en passe d'autres d'un caractère tout différent.

Le Pape est dans la plus cruelle anxiété ; des courriers se succèdent apportant tous des nouvelles de plus en plus alarmantes. Les armée de Busca et de Colli sont vaincues, les villes, qui devraient courir aux armes et recevoir les Français à coups de mitraille, leur ouvrent leurs portes et chantent leurs louanges. Partout l'esprit de liberté s'élève et, comme un monstre ailé, l'armée française vole vers la ville des éternelles lumières.

Prélats et Monseigneurs s'agitent, se lamentent. Que faire? Fuir! et bien vite.

Les carrosses de Sa Sainteté Pie VI sont attelés, prêts à partir, lorsqu'arrive le général des Camaldules. Le révérend père court se jeter aux pieds du Pape.

Très Saint-Père, commence le religieux, le général en chef de l'armée Républicaine m'envoie dire qu'il n'en veut pas à l'existence de votre Sainteté, qu'il la révère trop profondément et qu'elle peut rester en toute sûreté à Rome. Mais elle doit seulement changer son cabinet et envoyer des plénipotentiaires à Tolentino pour traiter avec la République et signer une paix définitive et durable.

Le Pape, un peu rassuré, fait rentrer ses voitures et destitue de ses fonctions le cardinal Busca, qui avait si imprudemment déclaré au ministre Calcault « qu'il ferait une Vendée de la Romagne, qu'il en ferait une des montagnes de la Ligurie et en ferait une de toute l'Italie ».

Les envoyés du Vatican: le cardinal Mattei, le duc de Braschi, la marquis Massini et Monseigneur Galeppi, arrivent le 13 février à Tolentino, en même temps que le quartier-général. Les séances s'ouvrent dès le lendemain, 14, et six jours après le traité est signé. Le Pape révoque tout traité d'alliance contre la France, renonce à toutes ses anciennes prétentions sur la ville et le territoire d'Avignon, le comtat Venaissin et ses dépendances; il abandonne à la République, ses droits sur les légations de Bologne, de Ferrare et de la Romagne.

Quant à la ville d'Ancône ainsi que sa citadelle, il la laisse au pouvoir des Français jusqu'à la paix continentale (art. VIII)

Sa Sainteté s'engage en outre à payer la somme de 31 millions, dont 16 sont pour l'armistice signé à Bologne le 5 messidor an VI, et à fournir à l'armée 800 chevaux de cavalerie harnachés, 800 chevaux de trait, des bœufs et des buffles, et autres produits du territoire de l'Eglise. Pie VI devra aussi désavouer le meurtre de Basseville et verser, dans le courant de l'année, 300.000 francs aux héritiers de la victime. Enfin trois autres articles stipulent encore la mise en liberté des détenus politiques, le licenciement de l'armée papale et la livraison des manuscrits et objets d'art exigés par l'armistice signé à Bologne.

Le traité, on le voit, est fort avantageux pour la République Française. Bonaparte aurait encore voulu l'abolition de l'Inquisition, mais en présence des difficultés que sa demande souleva, il se contenta de ce qu'il avait obtenu.

La Cour de Rome soumise et domptée, Bonaparte revient sur l'Adige. Il laisse le général Victor dans les Etats du Pape pour veiller à l'exécution des engagements pris envers la République Française et revient sur l'Adige pour préparer l'acte le plus hardi, sinon le plus glorieux de sa glorieuse campagne : La marche sur Vienne.

La Marche sur Vienne.

Le Directoire se décide enfin à envoyer des secours à l'armée d'Italie. Deux divisions, tirées des armées de Sambre-et-Meuse et du Rhin, franchissent les Alpes et arrivent à Mantoue. Bonaparte les passe en revue et avec l'aide de ces 30.000 hommes commandés par Bernadotte et Delmas, il pense pouvoir aller à Vienne imposer ses volontés à l'Empereur, comme il est allé à Rome les imposer au Pape. Mais avant d'entreprendre sa marche vers l'Autriche, il veut garantir ses derrières contre les répressions malveillantes du Piémont et de Venise en s'alliant avec ces deux puissances. Le roi du Piémont accepte les propositions de Bonaparte, mais le Directoire prive le général en chef d'un effectif de 10.000 hommes en refusant sottement de ratifier le traité. Quant à Venise elle ne veut prendre aucun engagement. Elle reste neutre afin de pouvoir se révolter quand il lui plaira et, au cas où les Français seraient battus, assouvir sa haine en assassinant les traînards. Bonaparte, privé d'un contingent de 20.000 hommes dont il espérait beaucoup, se voit forcé d'entrer en campagne avec 50.000 hommes seulement. Le courage suppléera à la force; d'ailleurs l'armée du Rhin, sur laquelle il compte s'appuyer pour marcher sur Vienne, lui fera aussi défaut. C'est donc seulement avec ses faibles ressources qu'il réalisera le projet le plus audacieux qu'il ait encore conçu. Son adversaire, l'archiduc Charles, jeune comme lui, et encore tout couvert de la gloire des victoires du Rhin, vient occuper, avec son armée, les trois chaussées qui mènent à la capitale de l'Autriche. Jusqu'à présent, déclare Bonaparte, nous avons combattu des armées sans généraux, maintenant nous allons combattre un général sans armée.

Et aussitôt qu'il apprend l'arrivée du quartier-général autrichien à Inspruck, il avertit Joubert du danger qu'il court et lui donne des instructions pour le combat qu'il croit proche. Mais l'Archiduc, au lieu de masser ses forces dans le Tyrol, pour faire une prompte jonction avec les six divisions qui vont lui arriver du Rhin, réunit ses principales troupes dans le Frioul, donnant ainsi l'occasion aux Français de l'attaquer avant l'arrivée de ses renforts. Bonaparte va profiter de cette faute et mener cette nouvelle campagne avec la célérité qui lui est habituelle. Le 9 mars son quartier-général est établi à Bassano et par une de ses proclamations énergiques, dont les phrases tombent à petits coups secs, nets, et s'enfoncent pareils à des coins d'acier dans les cerveaux des hommes, il éveille et stimule son armée pour la pousser à se surpasser.

Soldats! la prise de Mantoue vient de terminer la guerre d'Italie, qui vous a donné des titres éternels à la reconnaissance de la patrie. Vous avez été victorieux dans quatorze batailles rangées et dans soixante-dix combats: vous avez fait cent mille prisonniers, pris cinq cents pièces de canon de campagne, deux mille de gros calibre, quatre équipages de pont. Les contributions mises sur le pays que vous avez conquis, ont nourri, entretenu, soldé l'armée; vous avez, en outre, envoyé trente millions au ministère des finances pour le service du trésor public. Vous avez enrichi le Muséum de Paris de trois cents chefs-d'œuvre de l'ancienne et nouvelle Italie, qu'il a fallu trente siècles pour produire. Vous avez conquis à la République les plus belles contrées de l'Europe. Les Républiques Transpadane et Cispadane vous doivent leur liberté. Les couleurs françaises flottent pour la première fois sur les bords de l'Adriatique, en face et à vingt-quatre heures de l'ancienne Macédoine, d'où Alexandre s'élança sur l'Orient. Les rois de Sardaigne, de Naples, le pape, le duc de Parme, se sont détachés de la coalition.

Jusqu'à présent nous avons combattu des armées sans généraux, maintenant nous allons combattre un général sans armée.

Vous avez chassé les Anglais de Livourne, de Gênes, de la Corse... et cependant de plus hautes destinées vous attendent ! ! ! Vous en serez dignes ! ! ! De tant d'ennemis qui se coalisèrent pour étouffer la République à sa naissance, l'Empereur seul reste devant vous..., Il n'a plus de politique, de volonté, que celle de ce cabinet perfide qui, étranger aux malheurs de la guerre, sourit avec plaisir aux maux du continent. Le Directoire exécutif n'a rien épargné pour donner la paix à l'Europe ; la modération de ses propositions ne se ressentait pas de la force de ses armées. Elle n'a pas été écoutée à Vienne ; il n'est donc plus d'espérance d'avoir la paix, qu'en allant la chercher dans le cœur même des Etats héréditaires. Vous y trouverez un brave peuple..... Vous respecterez sa religion, ses mœurs ; vous protégerez ses propriétés. C'est la liberté que vous apporterez à la brave nation hongroise.

Mais pour arriver à ce beau résultat, il faut repousser les 65.000 Impériaux qui gardent les trois routes menant à Vienne. La première chaussée, qui traverse le Tyrol et franchit les Alpes Rhétiques au col du Brenner, est occupée par les généraux autrichiens Laudon et Kerpen ; Joubert, renforcé des divisions Delmas et Baraguay d'Hilliers, reçoit l'ordre de rejeter vivement les deux corps ennemis sur l'autre versant de la montagne et de venir rejoindre, par un à-droite, le gros de l'armée en Carinthie. La seconde, qui passe en Carinthie en coupant les Alpes Carniques au col de Tarvis, est défendue par Lusignan. Bonaparte y envoie Masséna, qui devra marcher sur le centre ennemi, s'emparer de Feltre et de Bellune et gagner les gorges de Ponteba, pendant que lui-même opérera sur la troisième chaussée, celle de la Carniole qui conduit à Vienne en franchissant l'Isonzo, la Save et la Drave. L'Archiduc repoussé au-delà de la Piave et du Tagliamento, Bonaparte marchera à pas de géant pour rejoindre Masséna au col de Tarvis, saisira Joubert au passage et s'avancera sur Vienne. Le 10 mars, les mouvements commencent. Malgré les neiges et les glaces, les colonnes françaises exécutent les ordres du général en chef. Masséna réussit son mouvement tournant, bat Lusignan, le fait prisonnier, s'empare de 600 Autrichiens et de plusieurs pièces de canon. Les trois divisions Sérurier, Gieu et Bernadotte, que Bonaparte a gardées avec lui, passent la Piave. La première à Asolo, la seconde à Ospedaletto ; un jeune tambour, en franchissant la rivière, est entraîné par un remous et court risque de se noyer lorsque la cantinière de la 51me, n'écoutant que son courage, se jette à l'eau et le sauve. Un collier d'or récompense la vaillance de cette femme.

Le quartier-général s'établit à Conegliano et Bernadotte y arrive le lendemain 13. L'armée continue sa marche ; Gieu culbute l'arrière-garde des ennemis à Sacile et se dirige sur Valvasone où convergent également les divisions Sérurier et Bernadotte.

Toutes les forces, dont le prince Charles dispose dans le Frioul, sont massées derrière le Tagliamento, pour en défendre le passage aux Français. Bonaparte n'hésite pas à livrer bataille ; dans la matinée du 16, il range ses troupes sur le bord opposé du fleuve. Gieu et Bernadotte s'étendent sur la rive droite et sur la rive gauche. A midi, les demi-brigades d'infanterie légère s'avancent, soutenues par les grenadiers et appuyées par la cavalerie. Les canons, roulés près du bord, se mettent à gronder. La 27me, conduite par Duphot, et la 15me, commandée par Murat, entrent dans le fleuve. Les grenadiers s'y précipitent à leur tour, les escadrons de cavalerie suivent et gagnent la berge, malgré les décharges de l'ennemi. La lutte se fait chaude ; les Autrichiens, culbutés par l'infanterie et la cavalerie de réserve et fortement attaqués à Gradisca par la division Gieu, se débandent et fuient en désordre, abandonnant 4 ou 500 prisonniers et 6 pièces de canon. Masséna, pendant ce temps, poursuit activement les débris des divisions Lusignan et Ocskay, se rend maître des gorges

Il n'est plus d'espérance d'avoir la paix qu'en allant la chercher au cœur même des Etats héréditaires.

de Ponteba et se rapproche de plus en plus du col de Tarvis, coupant ainsi aux Autrichiens la retraite de la Carinthie. L'Archiduc se trouve dans une position fort embarrassante; s'il se porte au secours de ses lieutenants pour défendre l'entrée de l'importante chaussée, il laisse la Carniole à découvert et Trieste à la merci d'un coup de main des Républicains et si au contraire, il s'acharne à vouloir couvrir le Bas-Isonzo, il ouvre la route de Vienne aux Français qui, en quelques étapes, se font fort d'être aux portes de la capitale. Ne pouvant se décider à sacrifier l'une des deux positions pour sauver l'autre, le prince envoie Bayalitch, avec trois divisions et du canon, au col de Tarvis et se retire, avec le reste de ses troupes, sur Palma-Nova et Gradisca.

Bonaparte marche à sa suite et, après s'être établi dans la position qui vient d'être évacuée, se présente à Gradisca. Accompagné de Sérurier, il se dirige sur les hauteurs qui dominent la ville, afin de couper la retraite à la garnison, et ordonne à Bernadotte d'opérer une diversion, qui permette aux troupes de franchir l'Isonzo sans que l'ennemi s'en aperçoive. Les soldats de Sambre-et-Meuse, impatients de se distinguer aux yeux de l'armée d'Italie, se précipitent pour enlever la place d'assaut, avant l'arrivée de Sérurier. Un feu roulant les accueille et couche 4 à 5oo d'entre eux sur le terrain; les autres reculent. A ce moment, la division Sérurier, qui a réussi à effectuer son passage à San-Pietro, sans rencontrer trop d'opposition, paraît sur les cimes. Se voyant dans l'impossibilité de soutenir la lutte, la garnison capitule et l'Archiduc se replie sur Goritzia. La marche de Masséna l'inquiète; il se rend compte de la faute qu'il a commise et entrevoit, mais un peu tard, la manœuvre qui s'imposait. Il est maintenant évident, que Bayalitch arrivera lorsque Masséna sera maître du passage des Alpes. Epouvanté des conséquences de ses mauvais calculs, le prince Charles abandonne ses troupes en Carniole et court à Klagenfurth se mettre à la tête des régiments du Rhin, pour arrêter les Français. Bonaparte, selon son habitude, règle ses actes d'après les mouvements de son adversaire; il laisse donc à Bernadotte le soin de s'emparer de la Carniole et quitte son quartier-général de Goritzia pour aller soutenir, avec la division Sérurier, la division Gieu, aux prises avec l'arrière-garde de Bayalitch, sur la chaussée de l'Isonzo.

Masséna réunit ses troupes à Pontafel; ses avant-postes, établis sur l'Ober-Tarvis, sont en partie refoulés par les forces autrichiennes venues de Klagenfurth. Enhardis par la fuite de quelques hommes, les ennemis prennent leurs positions; Gontreuil échelonne ses 2.5oo combattants sur les deux rives du Fella et attend l'arrivée des Français. Le 23 mars, au matin, la colonne Masséna est signalée; elle s'avance vivement et, après une lutte opiniâtre, emporte les hauteurs et le village de Saifnitz. Seul, en face des vaillants Républicains, Gontreuil ne peut espérer vaincre; il cherche seulement à gagner du temps, pour permettre aux renforts d'arriver. S'établissant dans le cirque que traverse le Fella, il s'apprête à défendre, jusqu'à la nuit, les fortifications protégées par le lit du torrent. Mais les vainqueurs de tant de batailles rangées bravent le feu des canons ennemis, enlèvent la redoute et se répandent dans le cirque. Gontreuil, désespéré, court à la cavalerie : « Ralliez-vous !!... Chargez !! » crie-t-il aux dragons. Le vent de la déroute souffle et emporte ses paroles. D'un coup de bride, les cavaliers font volte-face et, terrifiés par les cris d'allégresse poussés par les Français, fuient, à toute allure, sur l'autre versant de la montagne. L'Archiduc arrive au galop, fendant d'un trait son troupeau de fuyards. Il essaye d'arrêter la débâcle,

Leoben.

sa voix se perd dans le tumulte. Hors de lui, il se dresse sur ses fontes, saisit les dragons blancs de son escorte et les lance violemment contre la 2me légère. Le terrain tremble sous le piétinement des chevaux. C'est la mêlée. Les poitrails des bêtes se heurtent et se brisent. Les Français repoussent les Autrichiens. Fusils, havre-sacs, sabres ennemis tombent pêle-mêle, avec un bruit de défaite. Les soldats de l'Empereur repassent le col et dévalent au pas de course sur Maglern.

Il est six heures du soir, Masséna respire : le Tarvis est à lui. Il s'y établit. Les feux des bivouacs s'allument, des chants, que l'écho répète, s'envolent joyeux vers les premières étoiles, tandis que plus loin, quelques coups de pioches retentissent, sinistres, ouvrant des fosses pour les cadavres de la journée. A l'aube l'alarme est donnée. C'est Bayalitch qui est à la recherche de Gontreuil. Son attaque est repoussée. Harcelé par l'infanterie républicaine, il se voit contraint de reculer ; dans son mouvement de retraite, il donne dans les troupes de Guieu et pris entre deux feux pose les armes. Ses vivres, ses canons, ses drapeaux sont saisis. Bonaparte, avec Gieu et Masséna, s'avance alors sur Villach, y arrive le 27, passe la Drave et continue sur Klagenfurth. Mercandin défend l'accès de cette ville, ses troupes, rangées en bataille, attendent encore des renforts. Brune ne leur laisse pas le temps d'arriver. Il attaque. Les boulets de 12 pièces d'artillerie, habilement postées, ravagent les files ennemies, démontent les cavaliers. Une charge impétueuse achève la bataille. Les chasseurs de la 10me et de la 24me, les dragons de la 3me enlèvent leurs montures et, leur labourant les flancs de furieux coups d'éperons, entrent en trombe dans les lignes autrichiennes qui se brisent. Klagenfurth est occupé, après une dernière et suprême tentative de Mercandin. Les Alpes sont franchies, Laybach capitale de la Carniole est en la possession des troupes de Bernadotte, la cinquième armée de l'Autriche est vaincue et voici en quels termes Bonaparte s'adresse, dès son arrivée, aux naturels du pays :

Habitants de la Carinthie, de la Carniole et de l'Istrie, l'armée française ne vient pas dans votre pays pour le conquérir, ni pour porter aucun changement à votre religion, à vos mœurs, à vos coutumes ; elle est l'amie de toutes les nations et particulièrement des braves Germains…

Habitants de la Carinthie, je le sais, vous détestez autant que nous les Anglais, qui seuls gagnent à la guerre actuelle, et votre ministère, qui leur est vendu. Si nous sommes en guerre depuis six ans, c'est contre le vœu des braves Hongrois, des citoyens éclairés de Vienne et des simples et bons habitants de la Carinthie, de la Carniole et de l'Istrie. Eh bien! malgré l'Angleterre et les ministres de la cour de Vienne, soyons amis. La République française a sur vous les droits de conquête, qu'ils disparaissent devant un contrat qui nous lie réciproquement. Vous ne vous mêlerez pas d'une guerre qui n'a pas votre aveu!!! Vous fournirez aux besoins de mon armée. De mon côté, je protégerai vos propriétés ; je ne tirerai de vous aucune contribution. La guerre n'est-elle pas elle-même assez horrible ? Ne souffrez-vous pas déjà trop, vous, innocentes victimes des passions des autres ? Toutes les impositions que vous avez coutume de payer à l'Empereur serviront à indemniser des dégâts inséparables d'une armée et à payer ce que vous m'avez fourni.

Joubert laissé dans le Tyrol marche à grands pas. Il franchit l'Avisio à Segonzano le 20 mars, bat Kerpen à Saint-Michel et gagne Salurn. Vial attaque, repousse les Autrichiens à Neumarkt et enlève la ville. Joubert et sa division y rentre le soir même et s'avance rapidement ; laissant aux généraux Dumas et Belliard le soin de s'occuper des ennemis réfugiés à Tramin, il se dirige sur Botzen et trouve la position évacuée. Sans s'attarder, il poursuit sa route vers le nord. Une partie des renforts du Rhin, attendus par les Autrichiens, sont arrivés à Klausen. Le 24 mars, la rencontre des deux armées ennemies a lieu. Kerpen, établi sur des rochers à pic, se croit à l'abri des manœuvres de son adversaire. Il se trompe, car rien n'empêche les phalanges républicaines de vaincre. Audacieux et agiles, les tirailleurs escaladent la montagne et percent le centre ennemi, tandis que Dumas, avec une poignée de braves s'élance, sous le feu meurtrier, traverse Klausen et chasse les Autrichiens devant lui jusqu'à Brixen.

Trois fois vaincu, Kerpen se retire. Les Français le suivent. Les opérations du Tagliamento ont un contre-coup fâcheux sur celles du Tyrol. L'Archiduc, battant en retraite, ordonne à son lieutenant de le rejoindre par le Pusterthal. Or, Kerpen ne peut exécuter ce mouvement par la route prescrite ; il va essayer de le faire par celle d'Inspruck. Abandonnant sa position de Muhlbach il remonte progressivement vers le Brenner. Arrivé dans les gorges d'Inspruck cependant, le général Autrichien s'arrête. Il vient d'être rejoint par un bataillon venu du Rhin et, prêt désormais à soutenir un nouveau combat, dispose ses troupes. Joubert l'imite, fait avancer une batterie et lance la 85me contre les renforts de son adversaire. La cavalerie, au triple train de charge, s'enfonce à son tour dans les gorges, balaye, renverse, sabre, écrase tout sur son passage. Sous la violente poussée, les Autrichiens roulent, tombent ou fuient. Toujours au galop, les cavaliers républicains arrivent à Mittenwald. Excités par la course vertigineuse qu'ils viennent de faire, ils continueraient volontiers la poursuite mais Joubert leur donne l'ordre de rebrousser chemin. Il faut penser à rejoindre le gros des troupes de Carinthie. Le 2 avril, le général commence sa retraite à travers le Pustherthal. Les paysans se soulèvent, les troupes de Laudon les soutiennent mais les vieux soldats d'Italie résistent et gardent leurs positions. Un courrier de Bonaparte arrive au bon moment pour leur donner l'ordre de quitter le Tyrol, de s'emparer de Lienz et de s'engager dans la vallée de la Drave. Joubert se hâte d'obéir ; sa mission de flanqueur est terminée. « Voilà donc les ennemis entièrement chassés des Etats de Venise ; la Haute et Basse-Carniole, la Carinthie, le district de Trieste et tout le Tyrol soumis aux armes de la République[1] ». Les Alpes franchies et la cinquième armée de l'Empereur vaincue, l'alarme la plus vive se répand à la cour de Vienne. Tous les trésors sont expédiés en Hongrie et les enfants de la famille impériale, les petits archiducs et archiduchesses, parmi lesquels se trouve Marie-Louise, future impératrice des Français, sont embarqués sur le Danube. A soixante lieues de la capitale autrichienne, Bonaparte apprend du Directoire qu'il ne doit pas compter sur l'appui de l'armée de Moreau. En conséquence il écrit le 31 mars de son quartier-général de Klagenfurth une lettre mémorable à l'Arhiduc Charles pour lui demander la paix. « Quant à moi, assure-t-il au général en chef, si l'ouverture que j'ai l'honneur de vous faire peut sauver la vie à un seul homme, je m'estimerai plus heureux de la couronne civique que je me trouverais avoir méritée, que de la triste gloire qui peut revenir des succès militaires. » A quoi l'Archiduc s'empresse de répondre qu'il n'est muni d'aucun pouvoir pour traiter.

Les hostilités recommencent ; Masséna, parti de Klagenfurth, déloge l'ennemi de Saint-Veit, le poursuit à travers une vaste forêt de sapins, franchit la Gurk, oblige les soldats de Mercandin à évacuer Friesach et s'engage dans les étroites gorges de Neumarkt. Là encore, la disposition des lieux favorise les Autrichiens. Véritable couloir à embuscades, la longue crevasse au fond de laquelle coule le torrent Olsa, offre de grandes ressources à celui qui l'occupe. L'Archiduc met tout en œuvre pour conserver ce dernier défilé. Infanterie, artillerie, sont postées sur les flancs de la montagne et sur la route de Neumarkt. C'est sous un feu très vif que Masséna tente sa reconnaissance. Mais rien ne peut arrêter, ni effrayer les soldats français, les favoris de la Victoire. Au commandement de leur chef, ils partent, joyeux, faisant sonner la peau tendue de leurs énormes tambours, chantant, hurlant leurs chants de guerre, aux accents terribles et fiers. Avides de gloire, la 25me avec Brune, la 75me avec Rampon, la 2me, et la 20me légère au centre, tombent sur les ennemis. Leurs baïonnettes percent les rangs autrichiens, mettent en fuite les meilleurs bataillons de l'Archiduc qui se retire de plus en plus vers le Semmering, abandonnant plusieurs pièces de canon, des drapeaux et des centaines de prisonniers. Les Républicains dorment sur le champ de bataille et le lendemain, 2 avril, occupent Neumarkt. A 4 kilomètres de ce village, à Scheifling, aboutit une des routes qui font communiquer la chaussée de Carinthie avec celle du Tyrol ; le prince Charles, qui espère à chaque instant en voir déboucher Kerpen, demande une suspension d'armes, afin dit-il, de pouvoir prendre en considération la lettre du 31 mars. Bonaparte lui répond qu'on peut négocier et se battre et qu'il n'y aura point d'armistice jusqu'à Vienne, à moins que ce ne soit pour traiter de la paix définitive. L'armée se remet en marche et le quartier-général est porté, le 3 avril, à Scheifling. Bonaparte loge dans un château situé sur les bords de la Mur et y demeure deux jours, pendant que Masséna et Gieu s'emparent d'Unzmarkt, malgré la résistance opiniâtre des chasseurs autrichiens retranchés dans les vieilles maisons du bourg. Les troupes continuent à s'avancer, elles battent le bois de Rottenthorn qui domine Judenburg, chassent devant elles les soldats de Pflèger, de Brady, de Mahoni, occupent Knittetfeld et, le 7 avril, l'avant-garde entre à Leoben.

Le même jour, Bonaparte reçoit à Judenburg, les envoyés de la maison d'Autriche : le feld-maréchal Bellegarde et le comte Merfeld. Il leur accorde une suspension d'armes de cinq jours, au lieu de celle de dix qu'ils demandent et les retient à dîner. Pendant le repas Berthier se plaît à questionner les généraux ennemis et s'amuse de leur étonnement.

Bonaparte arrive à Leoben à la date de l'expiration de l'armistice, le 13 avril, et y trouve les plénipotentiaires munis des pleins pouvoirs du gouvernement autrichien pour négocier et signer les

---

[1] *Mémoires de Napoléon.*

bases de la paix prochaine. Sur le désir du marquis de Gallo, ambassadeur de Naples à Vienne, on neutralise un local: le pavillon d'un jardin, situé près du pont de la Mur et appartenant à M. Egger, est affecté aux conférences diplomatiques. Celles-ci commencent le 15; le 16, trois projets sont expédiés à Vienne, le 17, sur la réponse du cabinet la rédaction des articles commence et le 18, les préliminaires sont signés. Les plénipotentiaires avaient cru être agréables au général en chef en stipulant, en première ligne, la reconnaissance de la République Française par l'Empereur, mais à la lecture de cet article Bonaparte s'écria vivement : « Effacez cela, la République est comme le soleil qui luit de lui-même ; les aveugles seuls ne le voient pas ».

Le général agit comme s'il avait reçu du Directoire l'autorisation de traiter ; il n'attend même pas l'arrivée de Clarke, alors à Turin, pour conclure, tellement il est certain d'être approuvé.

L'Empereur abandonne les provinces de Belgique à la France, qui s'étendra désormais jusqu'au Rhin. Il renonce à la Lombardie, reconnaît les Républiques qui seront fondées en Italie et reçoit en échange de ces sacrifices, toute la partie haute de l'Italie que l'Oglio délimite : les Etats vénitiens de la terre ferme et la ville de Mantoue si longtemps défendue. La République française prend Venise en tutelle, lui accordant cependant les légations de Bologne, de Ferrare et la province de la Romagne pour compenser la perte de ses Etats cédés à l'Autriche. La France obtient donc de grands avantages ; tout en flattant la vanité de l'Empereur par l'abandon de Mantoue, elle assure ses communications entre Milan et Venise par la rive droite du Pô. Il est encore dit dans les préliminaires que deux congrès devront se réunir, l'un à Berne pour la paix avec l'Autriche et l'autre dans une ville allemande pour la paix avec l'Empire.

Bonaparte avait annoncé au Directoire qu'avant le 20 avril il serait au sommet du Semmering, il tient sa promesse. Voici la fin de la dépêche expédiée le 10 avril de Leoben :

« ...Je vous demande du repos. J'ai justifié la confiance dont vous m'avez investi. Je ne me suis jamais considéré pour rien dans toutes mes opérations, et je me suis lancé aujourd'hui sur Vienne, ayant acquis plus de gloire qu'il n'en faut pour être heureux et ayant derrière moi les superbes plaines de l'Italie, comme j'avais fait au commencement de la campagne dernière, en cherchant du pain pour l'armée que la République ne pouvait plus nourrir... »

La campagne est terminée. Les préliminaires, signés par l'Empereur, sont remis au général en chef à Gratz, par le marquis de Gallo. Et Bonaparte ordonne l'évacuation du territoire occupé, sans attendre la ratification de son gouvernement. L'armée qui s'étendait jusqu'à Bruck se replie.

L'empereur d'Autriche ne pouvant réduire Bonaparte par les armes essaie de l'enlever à la République, en se l'attachant par des moyens qui, en général, ne manquent pas d'efficacité. Il fait remettre, par le comte de Merfeld, une souveraineté de 150 mille âmes, en Allemagne, au jeune chef de l'armée d'Italie. Bonaparte ne peut s'empêcher de sourire à cette proposition ; il charge l'envoyé de remercier l'Empereur en son nom, et déclare ne rien vouloir qui ne lui vienne du peuple français. « Et avec cet appui, aurait-il ajouté, croyez, Monsieur, que mon ambition sera satisfaite. »

Le 6 mai, Masséna et son aide de camp descendent de berline dans la cour des Messageries postales, place Vendôme, à Paris.

L'illustre général, le héros de tant de batailles rangées, à l'honneur de remettre aux chefs du gouvernement, le 9 mai, en audience solennelle, les préliminaires de la paix avec le roi de Bohême et de Hongrie.

Citoyens Directeurs, s'écrie-t-il à la fin d'une chaude et énergique allocution, les soldats de l'armée d'Italie sont des hommes jaloux de la République et de la Constitution de l'an III ; mais leur gloire n'est rien pour eux tant qu'il reste des ennemis à la patrie. Commandez, citoyens Directeurs, et les vainqueurs d'Italie, joints à ceux de Sambre-et-Meuse et du Rhin, voleront à de nouveaux combats, anéantiront les restes agonisants de la coalition et forceront les plus mutins à trembler au seul nom de la République.....

La République est comme le soleil qui luit de lui-même ; les aveugles seuls ne le voient pas.

Venise. — La basilique de St-Marc.

Venise. — Le palais des doges.

VENISE

Pendant que l'armée républicaine volait de succès en succès, une insurrection avait éclaté sur ses derrières : Brescia, Salo, Bergame, Crema, gagnées par l'esprit révolutionnaire avaient pris les armes pour se libérer de la domination oligarchique.

Plusieurs partis s'étaient offerts à Bonaparte au moment d'entreprendre la marche sur Vienne. Convenait-il aux armées françaises de réprimer la révolte en remplissant les cachots de novateurs? Ou était-il préférable de convaincre le sénat de la nécessité d'une alliance avec la France et de l'urgence qu'il y avait à modifier sa constitution? Le dernier et le moyen le plus énergique, pour faire taire la voix de la révolte, était encore d'obtenir d'un coup, par la force, les modifications d'un gouvernement qui, aux dires des habitants de la terre ferme, avait assez vécu. Dans la situation actuelle, le plus sage était évidemment d'obtenir par des négociations, des traités, les changements politiques que les circonstances rendaient de plus en plus urgents. Bonaparte, avant de s'engager dans de nouvelles opérations contre le prince Charles, avait pris des précautions, s'était assuré la rive droite du Pô et avait proposé l'alliance de la France à la République de Venise, moyennant un contingent de 10.000 hommes d'infanterie, 2.000 de cavalerie et 24 bouches à feu. Pesaro, qui avait la direction des affaires de Venise, avait répondu qu'il en référerait au Sénat et rapporterait la réponse dans quinze jours. Pendant ce laps de temps, des évènements importants se produisirent. La marche de l'armée française eut pour conséquences, des répressions de Venise sur les villes où soufflait déjà l'esprit de liberté. Que pouvait Bonaparte engagé dans la dernière période de lutte contre l'Autriche ?

Pesaro vient rejoindre Bonaparte à son quartier général de Goritzia pour lui apporter la réponse du Sénat qui désirait la neutralité de Venise.

Eh bien ! j'y consens, déclare le général, mais qu'elle cesse ses armements. Je laisse en Italie des forces suffisantes pour y être le maître. Je marche sur Vienne. Ce que j'eusse pardonné à Venise quand j'étais en Italie, serait un crime irrémissible dès que je serai en Allemagne. Si mes soldats étaient assassinés, mes convois inquiétés, mes communications interrompues sur le territoire vénitien, votre république cesserait d'exister : elle aurait prononcé sa sentence.

Joubert, on s'en souvient, après de valeureux combats s'était retiré, ne laissant dans le Tyrol qu'un petit corps d'observation sur la route de Trente. Laudon, qui jusqu'à ce jour était resté spectateur impuissant des défaites de son frère d'armes, se mit à lever des troupes, à les organiser et parvint sans peine avec douze mille hommes à chasser les douze cents soldats du général Serviez. D'accord avec Pesaro et fier de son succès, il s'était mis à répandre, dans toute l'Italie de faux bruits sur les opérations des armées belligérantes. Le Tyrol avait été le tombeau des troupes de Joubert, Bonaparte avait été vaincu par le prince Charles sur le Tagliamento, etc. Ces nouvelles firent fermenter bien des esprits et l'étendard de la révolte se leva. A la nouvelle de l'insurrection de la terre ferme, Bonaparte, qui était à Judenburg, écrivit une lettre pleine de menaces au doge de Venise ; lettre qui fut lue en pleine séance du conseil par Junot, avec toute l'indignation d'un vainqueur outragé. Le Sénat fit des excuses mais un jour après le départ de l'aide de camp, les troubles éclatèrent à Vérone où depuis longtemps des armements avaient été faits dans ce but. Le 17 avril — lendemain de Pâques — au son du tocsin, la campagne et la ville se levèrent en masse, égorgèrent tous les Français ; 400 malades périrent dans les hôpitaux, par le fer des insurgés. La garnison, commandée par le général Balland, s'enferma dans les châteaux pour échapper à la fureur populaire et se mit en devoir de bombarder la ville. Cette mesure irrita encore davantage la foule en délire, qui courut égorger la garnison de la Chiusa pour venger les morts qu'avaient faits les boulets républicains. Kilmaine, prévenu de tous ces désordres, accourut délivrer le général Balland. Ses troupes arrivèrent à Vérone le 21, le 22 la ville fut investie, le 23, à la nouvelle de la signature de la paix avec l'Autriche, terrifiés, les insurgés posèrent les armes et consentirent à tout ce qui leur fut imposé. Mais une nouvelle perfidie venait de s'ajouter à tant d'autres déjà commises. Un bâtiment français, poursuivi par les frégates autrichiennes, vint se réfugier dans le port du Lido dont l'entrée était défendue aux vaisseaux des deux nations belligérantes. Il y fut bombardé sans pitié et le capitaine Laugier, qui avait fait descendre son équipage à fond de cale et était monté seul sur le tillac, pour signifier qu'il s'éloignait, fut étendu raide mort par la mitraille. Tous les matelots qui étaient à bord furent massacrés à coup de hache par les troupes venues en chaloupes pour achever l'œuvre de destruction commencée par les batteries. C'en est trop, le sang français crie vengeance, et la première chose que Bonaparte demande aux envoyés de Venise venus à son quartier-général de Gratz, c'est le nom des vrais instigateurs des assassinats. Comme ceux-ci tergiversent, le général s'écrie sous le coup d'une violente colère.

— J'ai fait la paix, j'ai quatre-vingt mille hommes, j'irai briser vos plombs, je serai un second Attila pour Venise. Je ne veux plus ni inquisition, ni Livre d'Or; ce sont des institutions des siècles de barbarie. Votre gouvernement est trop vieux, il faut qu'il s'écroule. Quand j'étais à Goritzia, j'offris à M. Pesaro mon alliance et des conseils raisonnables. Il me refusa. Vous m'attendiez à mon retour pour me couper la retraite. Eh bien me voici ! je ne veux plus traiter, je veux faire la loi. Si vous n'avez pas autre chose à me dire, je vous déclare que vous pouvez vous retirer.

Fort impressionnés, les Vénitiens obéissent. Quelle n'est pas leur crainte, leur embarras, lorsqu'ils apprennent les Pâques Véronaises et l'odieux massacre du Lido.

Sous le poids de tant de griefs, ils n'osent plus affronter le courroux du vainqueur et c'est par lettre que Bonaparte est instruit des horreurs commises en son absence. Il refuse toute entrevue aux envoyés, qui se mettaient à sa disposition pour les explications qu'il aurait pu désirer. « Je ne puis, leur déclare-t-il, vous recevoir tout couverts de sang français ; je vous écouterai quand vous m'aurez livré les trois inquisiteurs d'Etat, le commandant du Lido et l'officier chargé de la police de Venise. » Les sénateurs essayent de le calmer par les mêmes arguments que ceux qu'on devait employer pour acheter la clémence du Directoire, mais Bonaparte ne veut rien entendre.

— Non, non, répond-t-il, quand vous couvririez cette plage d'or, tous vos trésors, tous ceux du Pérou, ne pourraient payer le sang d'un seul de mes soldats.

Dona et Guistiniani reprennent, consternés, le chemin de la Vénétie et Bonaparte publie, le 3 mai, de Palma-Nova, sa déclaration de guerre à la République de Venise. La lecture de ce manifeste cause une véritable épouvante et amène d'importants changements dans la constitution.

Le 12 mai, le grand Conseil se dissout de lui-même, abandonnant les rênes du gouvernement au peuple. L'aristocratie abdique et institue, en son lieu et place, une municipalité provisoire ; les soldats français enfin sont appelés à pénétrer dans la ville si longtemps restée hostile. Le 16 mai Bonaparte signe à Milan un traité concordant en tous points avec les décisions prises par le Sénat. De plus, il stipule, dans les articles secrets, le versement de 3 millions en argent et de 3 autres millions en munitions navales, ainsi que l'abandon à la France de plusieurs vaisseaux de guerre et autres.

Quand vous couvririez cette plage d'or, tous vos trésors, tous ceux du Pérou, ne pourraient payer le sang d'un seul de mes soldats.

Gondoles

Cette clause est très importante, puisqu'elle met à l'abri de toute trahison la flotte vénitienne, qu'il est de notre intérêt de garantir contre les Anglais.

Corfou et toutes les îles Ioniennes : Zante, Céphalonie, Sainte-Maure, Cérigo sont occupées sur-le-champ par nos troupes, tandis qu'à Venise même, Baraguay d'Hilliers fait une entrée triomphale et plante, sur la place Saint-Marc, le drapeau tricolore. Le lion de Saint-Marc et les chevaux de Corinthe sont expédiés à Paris, comme trophées de la nouvelle et glorieuse campagne que Bonaparte avait si habilement et si rapidement menée.

Le Lion de St-Marc, emblème de la République de Venise

MONTEBELLO — PASSARIANO
Traité de Campo-Formio

Le sort de Venise provisoirement fixé, Bonaparte prend pour résidence le château de Montebello situé à quelques lieues de Milan.

Après avoir, en peu de temps, soumis la cour de Rome, franchi les Alpes, battu les les meilleures troupes de l'Empereur et forcé ce dernier à condescendre à des préliminaires, le jeune chef des légions Républicaines se repose des fatigues de la guerre en se livrant tout entier, pendant deux mois, à la diplomatie et à la politique. Il organise le fruit de ses conquêtes, fixe les destinées des peuples qui s'adressent à lui comme arbitre, pacifie les uns et tranche les différends des autres. Une véritable cour se forme dans cet immense château, simple quartier-général cependant. La gracieuse Joséphine est très entourée ; les plus nobles et les plus belles dames de Milan viennent saluer en elle la femme du conquérant pacificateur. Les ministres, les représentants des rois de Sardaigne, de Naples, de l'empereur d'Autriche, les diplomates des Républiques de Gênes et de Venise, du duc de Parme et d'autres puissances encore, se succèdent dans les salons du général Bonaparte pour traiter, négocier, régler des questions de la plus haute importance. Le sort de bien des princes se joue dans ce palais devenu subitement, depuis l'apparition d'un petit corse, le centre des affaires politiques, le foyer de la liberté, de l'accord et de la paix. Le voisinage des troupes françaises, le bruit de leurs victoires, joint à celui de l'abaissement de la puissante maison impériale et de l'abolition de l'oligarchie vénitienne, font fermenter bien des esprits, naître des aspirations nouvelles au sein d'Etats jusqu'alors soumis à la noblesse ou domptés par les ligues. C'est ainsi que la signature des préliminaires de Leoben cause à Gênes une véritable révolution ; le parti patriote, très exalté par les derniers événements, forme un club d'une violence extrême qui prend le nom de Morandi, nom de celui chez qui les membres se réunissent. Ces révolutionnaires rédigent une pétition, dans laquelle ils demandent au doge de modifier la constitution en faveur du peuple. Le chef de la République se montre plutôt favorable à leur requête mais les ennemis des Français, les défenseurs de la cause des nobles, les inquisiteurs d'Etat, emploient tous les moyens dont ils disposent, pour faire avorter la tentative de ceux qu'ils considèrent comme des perturbateurs et des dangereux libéraux. Secondés par les prêtres et les aristocrates, ils fomentent et arment contre eux les charbonniers et les portefaix. Le 22 mai, le choc inévitable a lieu. Les Morandistes lèvent l'étendard, s'emparent de la Porte Saint-Thomas, de l'arsenal et du port. La lutte des deux partis s'engage et les patriotes ont le dessous. Le ministre, Faypoult, n'échappe aux insultes du peuple que grâce au doge qui avait eu la prévoyance de lui envoyer une garde d'honneur de 200 hommes. A la nouvelle de ces excès, Bonaparte dépêche à Gênes son aide de camp, Lavalette, pour exiger la mise en liberté des Français injustement détenus, l'arrestation des trois inquisiteurs d'Etat et le désarmement de l'aveugle populace. Le Sénat exécute une partie des volontés du général mais ne lui donne pas entière satisfaction. Le ministre Faypoult décide alors de quitter Gênes.

La demande de son passeport amène un revirement inattendu ; le doge réunit le

Je refroidis les têtes chaudes et j'échauffe les têtes froides.

Sénat qui se résout à envoyer une députation à Montebello et à réparer, selon le désir de Bonaparte, le mal fait aux Français dans les journées du 3 et 4 prairial. Le 6 juin, les députés, Cambiaso, le doge, Serra et Carbonari, les sénateurs, signent à Montebello une convention qui détruit l'ancienne constitution et en institue une nouvelle, toute démocrate qui sera soumise à la sanction du peuple le 14 septembre.

Bonaparte est encore appelé à intervenir, dans le courant du mois de juin, dans une affaire extrêmement délicate et difficile, puisqu'elle touche aux bases mêmes de la Confédération Helvétique. La Valteline, petit pays situé dans l'Italie septentrionale, entre le lac de Côme et l'Adda, et composé de trois vallées, subit l'entraînement général et suit l'exemple donné tout d'abord par les légations de Bologne et de Ferrare. Elle secoue le joug pesant des Ligues Grises et, le 13 juin, proclame son indépendance. Bonaparte, qui avait reçu les mandataires des deux parties, se trouvait assez embarrassé pour porter un jugement, lorsque la découverte d'un traité dans les archives vient heureusement mettre fin à ses hésitations. Milan, investie du droit de garantie de la Valteline, a le droit d'intervenir dans ses différends avec les autres puissances. Comme défenseur du gouvernement lombard, Bonaparte peut accepter la médiation qu'on lui propose. Fort de son droit, il conseille alors aux Grisons de former avec la Valteline une quatrième ligue ; cette proposition fort sage est violemment repoussée par les trois autres ligues et le procès est renvoyé. Le 10 octobre, le général convoque les députés grisons et valtelins à comparaître devant lui ; les premiers n'ayant pas daigné se déranger, la Valteline sera, selon son vœu, réunie à la République Cisalpine. Cette nouvelle république proclamée le 9 juillet est obtenue par la fusion d'états faits libres et indépendants quelques mois auparavant : la Lombardie autrichienne, le Bergamasque, le Mantouan réunis sous le nom de République Transpadane et les légations de Bologne, Modène, Reggio, Ferrare, groupées sous celui de République Cispadane auxquelles viendront bientôt s'ajouter la Romagne, devenue depuis peu la République Emilie, et une partie des Etats de Venise. Ces 4 millions d'habitants reçoivent de Bonaparte une constitution analogue à celle adoptée en France. Le Directoire, composé de cinq membres choisis par Bonaparte, s'installe le 30 juin au palais de Milan devenue la capitale du nouveau gouvernement. Une armée régulière s'organise par les soins du général en chef, 30 mille gardes nationaux se réunissent au lazaret de Milan pour fêter le 14 juillet, se jurer fraternité et prêter serment de fidélité à la liberté naissante de la patrie. Dès ce moment, l'esprit national est formé et il a suffit pour cela que Bonaparte vienne, voie et vainque.

L'attitude de Rome est de nouveau provoquante. Cette cour faible et dépourvue de toute bonne foi, recommence, malgré le traité qui lui interdit toute démarche hostile contre l'armée républicaine, ses armements et ses ridicules bravades. Elle appelle à elle le général Provera pour prendre le commandement de ses troupes et refuse de reconnaître la République Cisalpine. Celle-ci, heureuse d'avoir l'occasion de montrer sa force et fière de son indépendance, déclare la guerre au Vatican, qui, effrayé d'avoir à combattre seul contre les jeunes et vaillants défenseurs d'une puissance récente mais forte, s'humilie et accorde à la Cisalpine tous les dédommagements qu'elle lui demande. Quant à la cour de Naples et à ses folles prétentions, Bonaparte ne s'en soucie guère et, loin d'abandonner les îles Ioniennes à un état qui, depuis le commencement de la campagne, n'a cessé de lui créer des difficultés, il pense au contraire étendre le domaine des possessions françaises dans la

Méditerranée et fermer cette mer intérieure aux Anglais, en s'emparant encore de l'île de Malte. « De ces différents postes, écrit-il au Directoire, nous dominerons la Méditerranée, nous veillerons sur l'empire Ottoman qui croule de toutes parts et nous serons en mesure ou de le soutenir ou d'en prendre notre part. Nous pourrons davantage, nous pourrons rendre presque inutile aux Anglais la domination de l'Océan. Ils nous ont contesté à Lille le cap de Bonne-Espérance ; nous pouvons nous en passer. Occupons l'Egypte; nous aurons la route directe de l'Inde et il nous sera facile d'y établir une des plus belles colonies du globe. »

« C'est en Egypte qu'il faut attaquer l'Angleterre » déclare-t-il encore dans une lettre datée du 16 août 1797. Dès l'instant où cette idée a germé dans son cerveau aux conceptions toujours plus vastes, Bonaparte commence les préparatifs nécessaires à son exécution. En vertu du traité passé avec Venise, il s'empare des meilleurs matelots de Grèce et d'Albanie, les unit à l'escadre venue de Toulon, commandée par Brueys et leur assigne le poste de Corfou, d'où l'on pourra facilement les diriger sur les points intéressant l'expédition projetée. Mais n'anticipons pas sur un sujet qui fera l'objet d'une étude ultérieure et revenons aux négociations commencées avec l'Autriche. Un moment distrait par les événements qui amenèrent la journée du 18 Fructidor, Bonaparte, après avoir pris parti pour le Directoire contre les Conseils, pour empêcher le retour des Bourbons, en envoyant aux triumvirs le général dont ils avaient besoin, Augereau, manifesté ses opinions dans une proclamation à ses soldats à l'occasion du 14 juillet et communiqué au Directoire les papiers trouvés sur d'Entraigues à Vérone, reprend les conférences un instant interrompues par le refus de M. de Thugut de signer les bases d'un traité posées à Montebello. Le ministre autrichien croyait alors pouvoir profiter de l'agitation qui régnait à Paris, pour parler en maître et se dispenser de faire la paix, grâce à l'appui de Messieurs les clichyens. Mais le 18 Fructidor vient déjouer les espérances de l'Autriche, qui envoie immédiatement M. de Cobentzel à Udine pour débattre, avec Bonaparte, les conditions du traité définif. Le général en chef se rend à Passariano et s'installe au château qui existe encore. Les conférences s'ouvrent le 26 et ont lieu tantôt à Udine et tantôt chez Bonaparte. Le négociateur autrichien « beau parleur, possédant ce vernis voltairien qui était le bon ton de l'homme éclairé « l'honnête homme » de ce temps-là, diplomate à conversations et à dépêches plutôt qu'à idées et à ressources, au fond petit homme d'Etat[1] » se montre d'une exigence extraordinaire. Il réclame non seulement l'abandon de la Lombardie mais encore celui de Venise et de ses légations. A d'aussi folles prétentions le général en chef oppose un silence imperturbable, rompu cependant de temps à autre par des paroles fermes et sèches. Ses conditions sont maintenant fixées et il n'en voudra rien rabattre. S'il consent à céder Venise, il veut, en échange, que l'Empereur accorde l'Adige, Mayence et les îles Ioniennes à la République Française. Cet ultimatum laisse les Autrichiens inébranlables. Bonaparte est sourdement irrité.

Le 16 octobre, date de la dernière conférence, il renouvelle ses propositions. M. de Cobentzel commence alors à énumérer toutes les raisons qui empêchent l'Autriche de conclure. Bonaparte écoute, impassible, ne relève pas l'insulte personnelle qui termine le discours du comte, mais, sans mot dire, se dirige vers un petit guéridon, y prend un cabaret de porcelaine auquel le plénipotentiaire tenait beaucoup, car c'était un présent de l'impératrice Catherine et, d'un mouvement brusque, le lance sur le parquet en disant : « La guerre est déclarée ; mais souvenez-vous qu'avant la fin de l'automne je briserai votre

[1] A. Sorel.

C'est en Egypte qu'il faut attaquer l'Angleterre.

monarchie comme je brise cette porcelaine. Cela dit, il salue les négociateurs, sort et se jette dans sa voiture, après avoir donné l'ordre à un officier d'aller annoncer à l'Archiduc que les hostilités reprennent sous les vingt-quatre heures. Cobentzel, à cette nouvelle, sort de la torpeur dans laquelle l'acte violent du général républicain l'avait plongé, expédie en toute hâte le marquis de Gallo à Passariano, porteur de l'ultimatum. Le lendemain, 17 octobre, la paix est signée au château où loge Bonaparte. On la date de Campo-Formio, petit village situé à mi-chemin des deux localités où avaient eu lieu les conférences.

Le traité contient des articles patents et des articles secrets.

Articles patents : *L'Empereur cède les Pays-Bas autrichiens et la Lombardie ; il prend l'Istrie, la Dalmatie, les îles vénitiennes de l'Adriatique, les bouches du Cattaro, Venise et la Terre ferme jusqu'à l'Adriatique. Il reconnaît la Cisalpine qui comprend la Lombardie, le reste de la Terre ferme de Venise, Mantoue, Modène, Massa et Cassara, les trois légations de Bologne, Ferrare et la Romagne. La France prend les îles Ioniennes et les établissements vénitiens d'Albanie. Il y aura un congrès à Rastadt pour la paix avec l'Empire. Le duc de Modène sera indemnisé par le Brisgau autrichien.*

Articles secrets : *L'Empereur reconnaît à la France une frontière formée par le Rhin, de Bâle à la Nette, de cette rivière à la source jusqu'à Venloo. Dans les vingt jours qui suivront les ratifications, l'Empereur évacuera Mayence et les forteresses de l'Empire ; les Français évacueront les forteresses vénitiennes après qu'ils auront occupé Mayence. L'Empereur emploiera, à Rastadt, ses bons offices pour que la France obtienne de l'Empire les frontières ci-dessus. Si l'Empire refuse, l'Empereur retirera ses troupes, sauf son contingent d'Empire. L'Empereur cède Falkenstein : en compensation de ce pays, de ses possessions de la rive gauche et du Brisgau qui sera donné au duc de Modène. L'Empereur aura Salzbourg et la Bavière jusqu'à L'Inn. Si, de plus, la France obtient un agrandissement ultérieur en Allemagne, l'Empereur aura un équivalent.*

« Jamais depuis plusieurs siècles, écrit Bonaparte à Talleyrand, on n'a fait une paix plus brillante que celle que nous faisons. » Toute la France s'en réjouit, le peuple est plein d'enthousiasme pour le jeune chef, il exalte ses victoires, chante sa gloire et celle de son armée. Le chef d'état-major Berthier et Monge, l'illustre savant, sont dépêchés par Bonaparte pour remettre au Directoire le traité à ratifier. Ils arrivent bientôt au Luxembourg. Les chefs du gouvernement sursautent à la lecture du pli qu'apportent les deux envoyés. Ce petit maigrelet corse a une audace qui dépasse un peu les bornes, pensent les cinq Directeurs. Ils voudraient rejeter cette paix, trop avantageuse pour l'Autriche, à leur avis. Mais comment aller sans danger à l'encontre de l'opinion publique ? Une fois de plus, les Directeurs s'inclinent devant la nécessité d'approuver les actes du général dont ils ne peuvent se passer, puisque la guerre comme la paix, l'argent et les conquêtes dépendent de lui. Ils se résignent et comme ils ont très peur de la présence de Bonaparte dans la capitale, ils l'enjoignent de se rendre immédiatement à Rastadt et le nomment général en chef de l'armée d'Angleterre.

La situation réglée avec l'Autriche, Bonaparte, avant de prendre congé de ses troupes, revient à Milan pour déterminer les rapports de son armée avec la Cisalpine et porter le dernier coup de main à l'organisation de la nouvelle république. C'est de Milan que date également sa fameuse lettre adressée au peuple ligurien, à la suite de la révolte des paysans fomentée par les nobles et les prêtres, contre la mise en vigueur de la constitution. Bonaparte conseille la modération aux exaltés. « Je refroidis les têtes chaudes et j'échauffe les têtes froides » avait-il dit un jour à Montebello. « En conséquence, déclare-t-il aux Génois, exclure tous les nobles des fonctions publiques serait une injustice révoltante, vous feriez ce qu'ils ont fait..... On a prescrit en masse et le nombre de vos ennemis s'est accru.....

Souvenez-vous qu'avant la fin de l'automne je briserai votre monarchie comme je brise cette porcelaine.

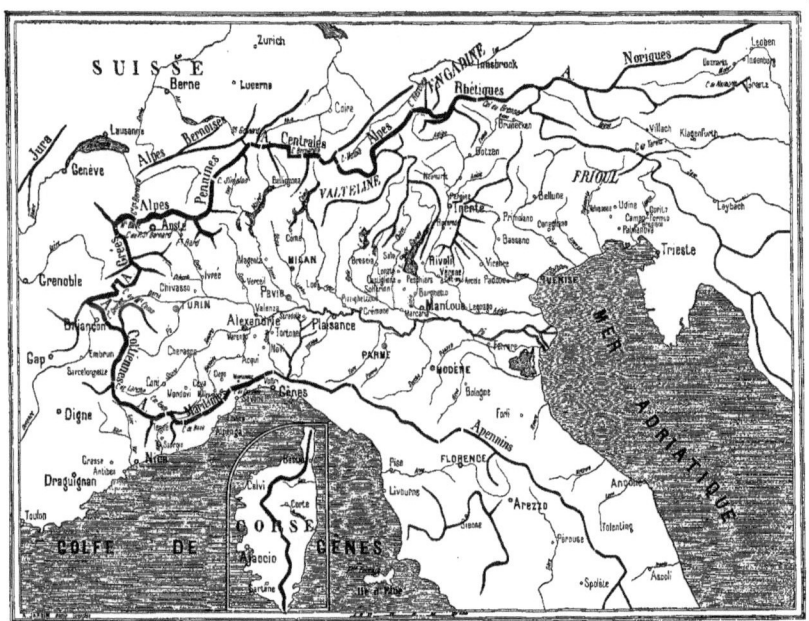

Carte des campagnes d'Italie : 1796-97 et 1800.

Quand dans un état, surtout dans un petit état, on s'accoutume à condamner sans entendre, à applaudir un discours parce qu'il est passionné, quand on appelle vertus l'exagération et la fureur, crimes la modération et l'équité, cet état est bien près de sa ruine etc. » La sagesse d'une pareille politique est reconnue non seulement en l'Italie, mais encore en France où l'on met à profit les opinions du général Bonaparte. Le conseil des Cinq-Cents fait avorter le projet Sieyes, tendant à expulser tous les nobles de France. Quant à la République de Venise elle est au désespoir, sacrifiée par Bonaparte elle va subir plus douloureusement encore qu'auparavant le joug pesant de l'Autriche. Son ancien doge Manini ne peut supporter une telle humiliation, il tombe mort au moment où il allait prêter serment de fidélité à l'Empire. La mission de Bonaparte en Italie est terminée, il quitte Milan le 17 novembre, pour se rendre au congrès de Rastadt où doit s'achever l'accord des puissances continentales. Une dernière fois il s'adresse au peuple italien en ces termes.

Citoyens,

A compter du 1ᵉʳ frimaire, votre constitution se trouvera en pleine activité. Votre directoire, votre corps législatif, votre tribunal de cassation, les autres administrations subalternes se trouveront organisés.

Vous êtes le premier exemple dans l'histoire d'un peuple qui devient libre sans factions, sans révolutions, sans déchirements. Nous vous avons donné la liberté, sachez la conserver. Vous êtes, après la France, la république la plus populeuse, la plus riche ; votre position vous oblige à jouer un grand rôle dans les affaires de l'Europe. Pour être dignes de votre destinée ne faites que des lois sages et modérées.

Faites-les exécuter avec force et énergie.

Favorisez la propagation des lumières et respectez la religion.

Composez vos bataillons, non pas de gens sans aveu, mais de citoyens qui se nourrissent des principes de la République, et soient immédiatement attachés à sa prospérité.

Vous avez en général besoin de vous pénétrer du sentiment de votre force et de la dignité qui convient à l'homme libre. Divisés et pliés depuis des siècles à la tyrannie, vous n'eussiez pas conquis votre liberté ; mais sous peu d'années, fussiez-vous abandonnés à vous-mêmes, aucune puissance de la terre ne sera assez forte pour vous l'ôter.

Jusqu'alors la grande nation vous protégera contre les attaques de vos voisins. Son système politique sera uni au vôtre. Si le peuple romain eût fait le même usage de sa force que le peuple français, les aigles romaines seraient encore sur le Capitole ; et dix-huit siècles d'esclavage et de tyrannie n'auraient pas déshonoré l'espèce humaine.

J'ai fait pour consolider la liberté et en seule vue de votre bonheur, un travail que l'ambition et l'amour du pouvoir ont seuls fait faire jusqu'ici.

J'ai nommé à un grand nombre de places, je me suis exposé à avoir oublié l'homme probe et à avoir donné la préférence à l'intrigant ; mais il y avait des inconvénients majeurs à vous laisser ces premières nominations ; vous n'étiez pas encore organisés.

Je vous quitte sous peu de jours. Les ordres de mon gouvernement, et un danger imminent de la République Cisalpine, me rappelleront seuls au milieu de vous.

Mais, dans quelque lieu que le service de ma patrie m'appelle, je prendrai toujours une vive sollicitude au bonheur et à la gloire de votre République.

BONAPARTE.

« Au quartier-général, à Milan, le 22 brumaire an VI (12 novembre 1797) »

La veille de son départ le général parle encore à ses hommes. Beaucoup d'énergie en peu de phrases.

Soldats !

Je pars demain pour me rendre à Rastadt ; séparé de l'armée je soupirerai après le moment de me retrouver au milieu d'elle, bravant de nouveaux dangers. Quelque poste que le gouvernement assigne aux soldats d'Italie, ils seront toujours les dignes soutiens de la liberté et de la gloire du nom français. Soldats ! en vous entretenant des princes que vous avez vaincus, des peuples que vous avez affranchis, des combats que vous avez livrés en deux campagnes dites-vous : *Dans deux campagnes nous aurons plus fait encore !*

Tels sont les adieux de Bonaparte à l'armée d'Italie.

CAMPAGNE DE 1800

Passage des Alpes — Capitulation de Gênes — Marengo.

Bonaparte devenu Premier Consul n'a plus à se soucier d'agréer à un gouvernement puisqu'il est le maître. Affranchi de tous les liens dans lesquels le Directoire se plaisait à l'enserrer, il va pouvoir donner libre cours à son génie et la Nation, docile, obéissante n'attend qu'un signe de lui pour voler vers de nouveaux combats.

Au cri d'alarme poussé par Bonaparte, toute la France se lève en masse ; vieillards, jeunes gens, invalides s'enrôlent sous les drapeaux tant de fois vainqueurs. La révolution a déchaîné contre elle les fureurs des peuples asservis et la France, toute petite, court aux frontières défendre, une fois encore, son sol et sa liberté à ceux qui ont juré sa ruine. Et cette lutte à mort pour l'idéal, d'une seule nation, contre la ligue puissante du despotisme et de la tyrannie offre le spectacle le plus sublime et le plus digne d'être chanté par la postérité. Le Premier Consul connaît la force redoutable de la vieille et surtout de la jeune France lorsqu'elle est agitée par la soif de la victoire et excitée du sombre désir de venger son honneur outragé. Il sait qu'avec une telle arme il peut tout tenter et que l'Europe sera vaincue par le peuple qu'elle voulait asservir. Après avoir réussi à détacher la Russie, la Prusse, la Suède et le Danemark de la coalition, Bonaparte se trouve en face de l'Autriche aux grosses armées soldées par l'Angleterre. 60.000 hommes commandés par Kray gardent le Rhin et couvrent Mayence. Mélas, avec un effectif à peu près égal, opère en Italie. Son plan est de forcer la ligne du Var avec 20.000 hommes seulement et de pénétrer en Provence, où des troupes anglaises réunies à Minorque doivent venir le rejoindre, aussitôt sa manœuvre exécutée.

Bonaparte, penché sur ses cartes, étudie d'un œil perçant le terrain où va se jouer la partie qui doit ajouter une nouvelle auréole de gloire à son nom déjà si populaire. D'une main sûre, il pique le papier de petits signes de couleurs différentes, indiquant ainsi nettement la position des Français et des Autrichiens. A mesure qu'il avance son travail, ses traits se détendent, un sourire erre sur ses lèvres minces et son secrétaire l'entend murmurer :
— Ce pauvre M. de Mélas passera par Turin, se repliera vers Alexandrie. Je passerai le Pô, je le joindrai sur la route de Plaisance, dans les plaines de la Scrivia et je le battrai là. Et en prononçant ces paroles, son crayon se plante sur San-Giuliano.

Quels moyens Bonaparte va-t-il mettre en œuvre? Quels sont ses projets? ses idées? Comme toujours, son plan est celui de la concentration. Lorsque Moreau, à qui il a confié une armée de 100.000 hommes, la plus belle qu'ait jamais eu la République, aura réussi à rejeter Kray dans Ulm, il saisira l'armée de réserve, franchira les Alpes et se placera de telle façon que Mélas, coupé de sa retraite et privé de tout secours, sera forcé de livrer une bataille qui décidera de son sort et de celui de l'armée autrichienne. Si les Français sont vaincus, ils pourront toujours faire une retraite honorable, mais si au contraire les Impériaux ont le dessous ils sont perdus et leur défaite entraîne la perte de l'Italie. La réussite d'une conception aussi hardie, outre l'impuissance de Kray, demande deux choses: la première c'est le secret, la seconde, c'est la résistance de Masséna enfermé dans Gênes. Il ne faut pas que les espions d'Angleterre et d'Autriche se doutent des projets véritables du Premier Consul et pour tenir cachés les mouvements de son armée, Bonaparte emploie le moyen qui lui a toujours réussi, celui d'une diversion sur un point fixé à l'avance. Il occupe donc tous les esprits par le recrutement de l'armée de réserve à Dijon, qu'il passe en revue le 6 mai. Cette armée, composée de conscrits et d'estropiés, devient la risée de l'Europe entière et Mélas, le premier, se soucie peu d'une pareille menace. Il ne se doute pas que des divisions, des bataillons, des régiments, venant de toutes les provinces de France, se dirigent à grands pas vers la Suisse, pour se placer sous le commandement du Premier Consul. Il bloque toujours plus étroitement Masséna qui, au prix de privations héroïques, espère pouvoir tenir jusqu'au 20, mais pas davantage. La première chance de réussite est donc dans la célérité que mettront les renforts à arriver en Italie avant cette date.

Les victoires de Moreau à Engen, Stokach, Mœskirch, Biberach, et Memmingen permettent à Bonaparte d'entrer immédiatement en campagne. Le 8 mai, à 11 heures du soir, il arrive à Genève et trois jours après se dirige sur Lausanne. Le passage des Alpes est décidé. Chargé de la reconnaissance du St-Bernard, le général Marescot considère l'opération comme très difficile.

— Peut-on passer? demande seulement Bonaparte.
— Oui, répond l'officier, je le crois.
— Eh bien! partons.
En avant donc!!...

Des approvisionnements sont envoyés à Martigny, à Villeneuve et jusqu'au pied du col; les soldats forgerons prennent les devants pour aller à St-Rémi; le général pousse la prévoyance jusqu'à faire installer des ateliers de bourreliers pour réparer les harnais. Toutes les précautions sont prises; les cartouches et les munitions sont enfermées dans de petites caisses, les affûts démontés et portés à dos de mulets, les soldats creusent enfin des troncs d'arbres, pour y placer leurs pièces de canon et s'y attellent. L'ascension commence: l'infanterie, la cavalerie, l'artillerie, s'acheminent vers le col : les soldats fléchissent sous le poids de leurs armes. Les pentes sont rudes et les pièces qu'ils hissent à force de bras sont lourdes. Il en est qui tombent exténués de fatigue, d'autres, les forts, chantent à pleins poumons pour s'exciter à marcher. Des hymnes guerriers courent d'un bout de la colonne à l'autre et la route fuit vite sous leurs talons. Le 17 mai, Bonaparte arrive à Martigny et établit son quartier-général dans la maison des religieux du grand St-Bernard. Déjà l'avant-garde a franchi le col et dévale sur le versant italien. Les paysans à qui le Premier Consul offre

Le passage des Alpes (1800). — Gravure (Musée de Milan).

1000 fr., pour le transport d'un canon de St-Pierre à St-Rémi, refusent bientôt de continuer car cent hommes mettent deux jours pour amener une seule pièce du premier village au second. Les soldats saisissent alors les cordes et, courbés par l'effort, s'élèvent lentement vers les cimes, traînant derrière eux leurs pesants blocs de bronze.

Quarante mille hommes défilent pendant les journées du 17, 18, 19 et 20 mai; les tambours battent la charge, le col est franchi et le jour même, Lannes, qui marche en tête, emporte la petite ville d'Aoste. Bonaparte, resté à Martigny, apprend cette nouvelle le 18. La plus grosse partie de l'armée est maintenant en Italie; heureuse de voir s'élargir devant elle la vallée de la Doria, elle croit ses fatigues terminées et précipite la descente, lorsque brusquement, la résistance du fort de Bard qui ferme l'unique défilé, l'arrête. Prévenu par Berthier de cette difficulté inattendue, Bonaparte examine attentivement ses cartes et découvre un petit sentier qui se glisse à travers les rochers d'Albaredo. Il donne des ordres et les généraux Berthier et Marescot font immédiatement creuser la montagne en escaliers, de manière à la rendre praticable à l'infanterie et à la cavalerie. Les hommes y défilent lentement, un à un, protégés par le feu roulant d'une batterie. Bonaparte, qui sent sa présence nécessaire dès que le danger apparaît, se met en route. Il quitte Martigny le 20 mai, s'arrête quelques instants à Liddes chez le curé M. Ransès, descend à St-Pierre chez l'aubergiste de la Colonne Milliaire et arrive, vers la tombée de la nuit, à l'hospice du St-Bernard. Il opère la descente sur Étroubles à la « ramasse » et après un séjour de quatre jours dans la petite ville d'Aoste arrive près du fort de Bard. Dès le lendemain un assaut est tenté, mais en vain, car le fort est inexpugnable. Bonaparte s'impatiente. Lannes déjà parvenu à Ivrée a besoin de l'artillerie. Il faut sortir d'embarras.

Martigny. — Maison des religieux du Grand Saint-Bernard

La vigilance du commandant du fort rend le passage sinon impossible, du moins fort dangereux. C'est à la faveur des ténèbres seulement que l'on pourra tenter la manœuvre et le plus grand silence devra être observé. Les soldats étendent de la paille et du fumier sur la route, entourent de foin les roues des affûts et, avec le moins de bruit possible, entreprennent de sauver leurs canons, en passant tout près du fort, au risque d'être surpris et foudroyés par les bouches à feu de l'ennemi.

Leur audace est couronnée de succès et les pièces sont maintenant hors de la ville. Quelques braves seulement ont été atteints par la mitraille autrichienne. L'armée peut enfin poursuivre sa marche sur la Lombardie, tandis qu'une batterie, manœuvrée par un corps de troupe suffisant, bombarde le fort pendant dix jours, jusqu'à ce que la garnison capitule. Les colonnes de flancs, qui ont franchi les Alpes par les différents cols du Simplon, du St-Gothard, du Mont Cenis et du petit St-Bernard, débouchent en Italie en même temps que les divisions commandées par Bonaparte. Turreau, avec 4000 hommes, emporte le débouché de Suze et, par son attaque vigoureuse, trompe Mélas sur la véritable direction de l'armée républicaine. Le général autrichien commet la faute de disperser ses troupes : il ne garde que 18.000 hommes pour la défense de la haute Italie, en laisse 25.000 à Ott, pour le blocus de Gênes et abandonne les 17.000 qui restent à Ellnitz avec l'ordre de battre Suchet sur le Var. Bonaparte ne fait rien pour détruire l'illusion de Mélas qui croit Turin le point de concentration choisi par son adversaire. Le Premier Consul entretient au contraire cette erreur, en faisant faire à Lannes une manœuvre qui masque le défilé des troupes par Verceil. Les corps de Kaim et de Haddik, culbutés près de la Chiusella par l'avant-garde et repoussés de Chivasso, ne peuvent plus empêcher la marche de Bonaparte sur Milan. La cavalerie de Laudon défend encore la ligne du Tessin, mais les Français, décidés à passer s'il le faut sur les corps des ennemis pour entrer bientôt dans la capitale, forcent le passage et s'avancent sur Milan. Le 2 juin, Bonaparte fait triomphalement son entrée par la porte de Verceil. Le bon peuple milanais, qui depuis un an subissait la domination autrichienne, l'accueille avec des transports de joie, car pour eux le Premier Consul c'est le libérateur. En quelques jours, Bonaparte relève et organise la République Cisalpine qu'il proclame à nouveau.

Milan renaît, chante le « Te Deum » et donne des fêtes. Mais aussitôt les affaires politiques réglées, Bonaparte se remet en campagne et ordonne la marche de son armée. Lodi, Bergame, Crema, Crémone sont occupées et Laudon repoussé sur Brescia.

Mélas commence à s'apercevoir de l'existence de l'armée de réserve ; les fâcheuses nouvelles que lui apportent ses courriers le décident à rappeler à lui Ott et Ellnitz. Ce dernier abandonne la ligne du Var mais il est fortement entamé par Suchet qui l'arrête au col de Tende et lui fait perdre 8000 hommes. Le petit corps républicain, son succès remporté, court sur Savone porter secours à la malheureuse garnison enfermée dans Gênes.

Masséna vient de capituler après 60 jours d'héroïque résistance. Depuis longtemps, la viande, l'avoine et les fèves étaient épuisées, les soldats et les habitants étaient réduits à manger un affreux pain fabriqué avec de l'amidon, des graines de lin et du cacao, ou une sorte de soupe d'herbes fort peu nutritive. Les hôpitaux regorgeaient de malades, les rues étaient encombrées de femmes et d'enfants épuisés par la famine. Aux souffrances causées par la privation, s'ajoutaient encore celle que provoquait le triste spectacle des prisonniers autrichiens torturés par la faim. Leurs hurlements sinistres remplissaient la population de terreur ; la situation était intolérable et Masséna ne parlait pas de se rendre. « Il nous fera manger jusqu'à nos bottes ! » disaient les soldats. Les forces humaines ont cependant des limites et le vaillant général se résolut à sortir de la place, mais à des conditions que les Autrichiens trouvèrent un peu excessives. « Eh ! bien... leur dit Masséna, faites ce que vous voudrez mais avant quinze jours je vous déclare que je serai de retour dans Gênes. » « Vous trouverez dans cette place, monsieur le général, des hommes à qui vous avez appris à la défendre » répliqua finement l'officier ennemi. Le 5 juin, les portes s'ouvrent et des ombres sortent de la ville. Ce sont les soldats républicains qui, sur les ordres de leur chef, vont rejoindre les troupes de Suchet et élever ainsi à 20.000 hommes le corps d'armée placé sur les derrières de Mélas. Bonaparte apprend la reddition de Gênes le 8 juin et vient promptement garder la ligne du Pô, en établissant son quartier-général à Stradella.

Déjà Lannes a franchi le fleuve entre Belgiojoso et San-Cipriano et s'est emparé de Pavie. Murat a pu, après un vif combat, pénétrer dans Plaisance et Loison est venu occuper un troisième passage, celui de Crémone. Mélas va se heurter à une barrière de fer. Les différents corps du Tessin, du Pô, de l'Adda pourront facilement se rejoindre ou se replier sur le point central de Stradella, de même que les 32.000 hommes de cette dernière position accourront au secours des autres postes plus faibles. Le 9 juin, selon les prévisions de Bonaparte, Ott arrive pour défendre aux Français la route qui mène de Pavie à Plaisance ; il la trouve occupée par Lannes en avant de Stradella, vers Casteggio et Montebello. Un combat s'engage, les Républicains qui étaient établis sur les hauteurs essuient un feu épouvantable. Des renforts arrivent heureusement à leur secours ; la 43me, la 96me et la 24me soutiennent les bataillons si fortement éprouvés. Casteggio est tourné et pris. Les Autrichiens, chassés de toutes parts, se replient en désordre sur Montebello. Lannes, encore tout couvert de sang mais aussi de gloire, rencontre Bonaparte vers sept heures du soir, lui présente quelques braves qui se sont illustrés à ses côtés dans cette fameuse et rude journée et lui montre les trophées de sa victoire : 5.000 prisonniers, 3.000 morts ou blessés.

Ott vaincu, Mélas reste encore à réduire. Les 10 et 11 juin, Bonaparte concentre son armée et surveille les mouvements de l'ennemi. Desaix, nouvellement débarqué d'Egypte, arrive au quartier-général, s'entretient la nuit entière avec le Premier Consul et le lendemain, 12 juin, reçoit le commandement des divisions Boudet et Monnier.

Bonaparte, fort surpris de ne pas voir s'avancer l'armée ennemie et las d'attendre, se porte au devant de Mélas. Il quitte le 12 juin sa position de Stradella, fait bloquer Tortone et établit son quartier-général à Voghera. Les Autrichiens ne paraissent toujours pas. Comment expliquer leur absence ? Bonaparte, en proie aux plus vives inquiétudes, franchit la Scrivia, parcourt la plaine de San-Giuliano et ordonne à la cavalerie légère de battre la campagne. Cette reconnaissance ne donne aucun résultat : pas un seul régiment n'est débusqué. Au crépuscule seulement, les divisions Gardanne et Chambarlhac se portent sur Marengo et en chassent, après une courte lutte, 5.000 Autrichiens qui se retirent vivement sur la Bormida.

Que fait donc Mélas ? Il est évident que s'il voulait livrer bataille et se faire jour à travers l'armée française échelonnée d'Alexandrie à Plaisance, il occuperait de toutes ses forces, le terrain compris entre le Tanaro et la Scrivia. Mais peut-être, songe Bonaparte, a-t-il préféré manœuvrer sur Gênes ou sur le haut-Tessin ? Renseigné sur la parfaite tranquillité des lignes du Pô et de son affluent, Bonaparte conclut que les Autrichiens ont dû se retirer du côté de la « Riviera ». Il laisse les divisions Lannes et Victor en échelons dans la plaine, et vient le soir coucher au village de Torre-di-Garofolo.

Le lendemain, 14 juin, à la pointe du jour, l'armée autrichienne sort d'Alexandrie et franchit la Bormida. 30.000 hommes viennent en attaquer 15.000. Averti de bonne heure du mouvement des ennemis, Victor place rapidement la division Gardanne sur le bord du Fontanone qui coule exprès, semble-t-il, pour défendre la position de Marengo,

L'hospice du Grand St-Bernard.

amène, en deuxième ligne, les 5.200 soldats de Chambarlhac et flanque l'extrême gauche de la brigade Kellermann. Ces dispositions sont à peine prises, que l'avant-garde autrichienne heurte violemment les avant-postes de Gardanne établis à Pietra buona et les forcent à refouler sur Marengo. Le plan de M. de Mélas apparaît nettement car les trois lourdes colonnes se meuvent maintenant vers le but qui leur a été assigné. O'Reilly, à la tête de la première, se dirige vers Stortigliana, Kaim et Haddik marchent sur Marengo et Ott sur Castel-Ceriolo. En arrivant sur le champ de bataille, le vieil autrichien est frappé de l'énormité de la faute qu'il a commise en abandonnant Marengo à l'ennemi ; ce village, à lui seul, commande toute la plaine. De suite, il cherche à regagner le terrain perdu en ordonnant au général Haddik d'enlever le poste d'assaut. Il est 9 heures, le lieutenant de Mélas s'avance, entraînant la division Bellegarde qui, comme un bloc roulant, s'approche de plus en plus des Français. D'un même pas rythmé, cadencé, dur, elle va franchir la rivière comme elle passerait l'ornière d'un chemin, mais une voix crie : « Feu ! » et la décharge couche une ligne d'Autrichiens dans la fange du Fontanone. Têtu, l'ennemi revient à la charge lorsque le général Victor, attiré par le crépitement de la fusillade, arrive. A son commandement, les balles s'envolent en sifflant et s'abattent sur les Impériaux qui tombent par

Aoste. — L'Arc de triomphe romain.

Alexandrie. — L'Arc de triomphe.

paquets. Atteint, le général roule dans le tas. Lentement, à regret, les soldats de l'Empereur reculent ; courte retraite, voici Kaim avec du renfort. La lutte reprend, plus chaude, plus meurtrière encore. Victor se soutient avec peine, ses forces vont-elles le trahir... Non ! comme 11 heures sonnent, Lannes accourt, de San-Giuliano, renforcer la division éprouvée ; sa brusque intervention sur les flancs arrête le mouvement des ennemis et les force à se replier.

La tentative du général Pilati sur l'extrême gauche échoue misérablement. Kellermann, d'un geste, culbute dragons et chevaux, pêle-mêle dans le fossé. Ce premier succès remporté, on prend tout ce que la peur paralyse. Un moment, les fusils se taisent, les rumeurs se calment, le silence règne; mais la trêve dure peu. D'un nouvel élan, les colonnes autrichiennes se précipitent sur les Français, attaquent leur droite, leur centre, leur gauche, les débordent, les écrasent. O'Reilly, Kaim, Ott, nous pressent de tous côtés.

Horrible carnage ! Mêlée affreuse d'où s'échappent des appels, des cris que le canon couvre par instant de son roulement de tonnerre. Champeaux, à toute bride, fond sur l'ennemi. Aussitôt la cavalerie s'enlève, s'élance, disparaît, reparaît, charge au triple train mais ne parvient pas à dégager l'aile droite mutilée. Rivaud saisit alors sa brigade et en un instant, voit sa ligne diminuer de moitié. Les hommes tombent comme des mouches sous l'orage des balles, des bombes et des biscaïens. Nos pauvres bataillons, épuisés de fatigue, meurtris, sanglants, luttent bravement, désespérément contre les forces géantes qui se massent pour les écraser. Leurs munitions s'épuisent et les Autrichiens arrivent toujours plus nombreux. A deux heures, la retraite semble inévitable, l'héroïsme d'une poignée d'hommes ne peut suffire à arrêter les fortes colonnes de l'Autriche.

Une tristesse passe dans les rangs républicains, leur courage vacille. Soudain, un galop sonne sur la route et une petite silhouette grise, montée sur un cheval blanc, apparaît : « c'est le Premier Consul » la garde et

Pont de la Bormida sur la route de Marengo à Alexandrie

la division Monnier l'escortent. Un coup d'œil sur le champ de bataille et la situation est jugée, la manœuvre décisive conçue. Renforcer le centre et la gauche n'avancerait à rien, le seul moyen d'ébranler l'ennemi est de l'inquiéter vivement sur le flanc. La division Monnier court soutenir la droite de Lannes, se rue sur les Autrichiens, baïonnette au canon et s'empare du village de Castel-Ceriolo. Mais la ligne des Français menace d'être tronquée ; la poussée toujours plus forte des Autrichiens sur le centre va finir par renverser le faible obstacle que Bonaparte lui oppose. Le canon ne se tait plus, les 180 pièces de l'ennemi tonnent sans relâche ; la fumée, que chaque coup sillonne d'un éclair, obscurcit le ciel. Le torrent de mitraille, qui s'échappe des sombres gueules, éparpille les hommes sur le terrain, comme la faux couche les épis mûrs. A cette heure suprême, la garde consulaire reçoit l'ordre de donner. Les 900 bonnets à poils volent au poste que Bonaparte leur a montré et viennent former, entre Lannes et Carra-Saint-Cyr, un solide trait-d'union, une « redoute de granit » contre laquelle vient se briser l'élan des dragons de Lobkowitz. Raides, fiers, impassibles, encadrés seulement de quelques escadrons, les grenadiers s'ébranlent. Le rideau de cavalerie qui les protège est rudement écarté par Spleny et la jeune Garde, forte seulement de bravoure, reçoit en plein cœur le choc de l'épaisse colonne de Ott. A mesure que les blessés tombent, les rangs se resserrent. Epaule contre épaule, les soldats de France regardent, tranquilles, la mort venir à eux. Pas un pouce de terrain n'est cédé à l'ennemi jusqu'à ce qu'enfin, attaqués brutalement sur leurs derrières, ces vaillants, qui ont retardé la retraite au prix de leur sang, reculent en trébuchant sur les cadavres de leurs frères qui jonchent le sol. Il est quatre heures et la bataille paraît perdue. La déroute commence, les fuyards encombrent les routes, le râle des mourants emplit la plaine. Partout c'est la terreur ou le désespoir. La marche des ennemis se fait plus rapide, plus légère car la certitude de la victoire donne des ailes au plus lâche. Tandis que l'armée française divisée, morcelée, hachée, essaie de se reformer aux alentours de San-Giuliano, le vieux général Mélas, blessé mais radieux, exultant de la joie du vainqueur, se repose à Alexandrie des fatigues de la journée. Un officier, le colonel Radetzky, est déjà parti sur son ordre porter à Vienne la nouvelle de la défaite de Bonaparte à Marengo. Mais la fortune qui a favorisé les Autrichiens depuis le matin leur tourne brusquement le dos et sourit aux Français avec l'arrivée de Desaix qui, entendant le canon gronder du côté de Marengo, avait eu conscience que Bonaparte avait été prévenu et qu'il fallait au plus vite accourir avec sa division.

Le billet du Premier Consul lui avait donné la certitude du danger couru par nos troupes et avec toute la célérité possible il avait refait, en sens inverse, le chemin parcouru la veille à la recherche de l'ennemi. Lancé comme une flèche, il arrive au-devant de Bonaparte, près de San-Giuliano. Aussitôt descendu de cheval, il est entouré par tous les généraux et une brève discussion s'engage. Les avis se croisent, différents en apparence, mais tous unanimes sur ce point : la retraite. Bonaparte espère encore et presse Desaix de donner son opinion. Celui-ci embrasse d'un regard la vaste plaine transformée en charnier, tire sa montre et dit simplement :

« Oui la bataille est perdue !.. mais il n'est que quatre heures, il reste encore le temps d'en gagner une. »

Le Premier Consul approuve et sur-le-champ dispose ses troupes. Il parcourt à cheval les rangs de ses soldats. « Mes amis leur dit-il, c'est assez reculer ; souvenez-vous que j'ai l'habitude de coucher sur le champ de bataille ». Son interpellation produit l'effet habituel : chacun se sent au cœur la petite flamme qui fait que l'on souhaite vaincre ou mourir. Les tambours roulent la charge, le signal est donné. Sur la route poudreuse qui conduit à Tortone, les ennemis arrivent en foule : Zach tient la tête de la formidable colonne, les brigades Saint-Julien, Lattermann, Bellegarde, les régiments de Wallis, Lamarsaille, Knesewich, Weidenfeld, escortés de 4 bataillons de Bryey et Szeckler viennent ensuite. La cavalerie marche sur la gauche et les extrémités des deux ailes sont tenues par les corps des généraux Ott et O'Reilly. Les Français, 10.000 contre 26.000, engagent le combat. Vers six heures du soir, la 9me légère, commandée par Desaix, se précipite au pas de charge contre la tête de la colonne. Le premier régiment, ébranlé, recule et s'enfonce dans les rangs qui s'entr'ouvrent pour le laisser passer.

La seconde ligne prend la tête, avance d'un bond, déchargeant les fusils à bout portant sur les Républicains. Desaix tombe, la poitrine trouée d'une balle. Dans la confusion, le tumulte, la mêlée, les soldats ne relèvent pas leur général qui cependant murmure tout bas à son chef de division : « Cachez ma mort, car cela pourrait ébranler les troupes. » Le carnage continue sur les deux côtés de la route. Les hommes de la division Boudet, ceux de Victor, soutiennent la 9me légère, mais n'espèrent pas réduire une colonne aussi profonde, aussi serrée, aussi brave, que celle de Mélas. Il faudrait pour cela des forces autres que celles de quelques régiments. Leurs tristes réflexions sont coupées net par des cris : « Gare à vous ! Place ! » Le fracas d'un ouragan déchaîné, un martellement d'enclume sur la chaussée, le 2me et le 20me de cavalerie passent avec la rapidité d'un obus ; éperons en arrière, couchés sur leurs bêtes, les cavaliers entrent dans les flancs de l'ennemi.

Un instant, tout se confond, tout se heurte et s'entre-choque. « Ralliez-vous ! » hurle Kellermann. Deux cents chevaux partent...

« Escadrons... en avant !!... Marche !!!... Au trot !... Au galop !!... Chargez !!! »

Foudre, tempête, massacre, orage de balles, tourbillons de sabres nus, pluie de sang. La colonne est anéantie, 6 canons, 4 drapeaux sont enlevés, 2.000 prisonniers ramenés.

Profitant de ce succès, toute la ligne française attaque, fait chanceler le centre autrichien. Infatigable, Kellermann s'élance encore et tombe, avec les grenadiers et les chasseurs à cheval de la garde, sur un corps de 2 à 300 dragons qui fond à son approche. Le sauve-qui-peut devient général. C'est le désordre, la déroute, la débâcle de l'armée impériale. Seuls, quelques régiments commandés par Weidenfeld, bientôt soutenus par O'Reilly, résistent à l'entraînement et essaient de protéger quelque temps la fuite des malheureux survivants d'une défaite si inattendue.

Ott croit aussi pouvoir arrêter le flot des Français qui, comme le flux de la mer, gagne rapidement la plaine. Il reconnaît bien vite le péril d'une tentative aussi téméraire et, en toute hâte, se retire sur la Bormida. Les ponts regorgent de fuyards. Il en est qui se jettent dans l'eau et passent la rivière à gué plutôt que de rester en arrière. Les voitures, une pièce de canon, entrent dans le courant et suivent le même chemin. Mélas, qui était accouru en apprenant le revers de son armée, assiste, impuissant et désespéré, à la prise et à la destruction de ses belles divisions. Huit mille Autrichiens ont été tués ou blessés

Mes amis, c'est assez reculer ; souvenez-vous que j'ai l'habitude de coucher sur le champ de bataille.

Torre-di-Garofolo

dans la journée, quatre mille prisonniers restent entre les mains du vainqueur. Grâce aux savantes combinaisons du Premier Consul, la campagne de 1800 se réduit à une seule victoire.

La liberté de l'Italie, la paix de l'Europe et la gloire de la République sont les résultats de cette immortelle bataille : Marengo.

Desaix

TABLE DES MATIÈRES

	Pages
Siège de Toulon 1793	1
Jeunesse de Bonaparte	12
Journée du 13 Vendémiaire	22

CAMPAGNE D'ITALIE 1796-97
I. — Lutte contre l'Armée Austro-Sarde

Albenga — Bonaparte prend le commandement de l'armée d'Italie	27
Montenotte	31
Millesimo	34
Dego	37
Ceva. — Mondovi	38
Cherasco — Arrivée des Plénipotentiaires. Signature de l'armistice	43

II. — Campagne de la Lombardie

Passage du Pô	53
Lodi	57
Milan	66
Pavie	74
Passage du Mincio. — Valeggio	76
Mantoue, 1er blocus	80

Expédition de Livourne

Armistice avec Naples. — Insurrection des fiefs impériaux — Bologne — Ferrare	81

a) Lutte contre Wurmser

Salo — Lonato — Castiglione	85
La Marche en Tyrol	93
Roveredo. — Bassano. — St-Georges. — Mantoue, IIIme blocus	100

b) Lutte contre Alvinzi

Création de la République Cispadane. — Bataille de la Brenta—Caldiero—Arcole	101
Rivoli	115
La Marche sur Rome	122

c) Lutte contre l'Archiduc

La Marche sur Vienne	126
Venise	134
Montebello. — Passariano. — Traité de Campo-Formio	137

CAMPAGNE DE 1800

Passage des Alpes. — Capitulation de Gênes. — Marengo	143

Les Relevés Photographiques de cet Ouvrage
sont dus a Monsieur HUE

Achevé d'imprimer par « SADAG »
(Société Anonyme des Arts Graphiques)
Bellegarde (Ain, France)
Octobre 1910

Editions de grand luxe illustrées en Phototypie
Collection JULES REY – GRENOBLE

6 VOLUMES IN-4⁰

PRIX DU VOLUME
- Broché . . . 25 Fr.
- Cartonné toile . 30 »
- Relié amateur . 35 »

HENRI FERRAND

GRENOBLE *Capitale des Alpes Françaises.* — *Grenoble; le Graisivaudan; la Chartreuse; le Vercors; l'Oisans; les Hautes Régions; le Trièves; le Dauphiné Thermal; l'Eté aux environs de Grenoble; Grenoble en Hiver; le Dauphiné artistique et industriel.* Bel ouvrage in-4°, format 33×25 1/2 cm., illustré d'environ 150 gravures en phototypie *paraîtra en juin 1911.*

LE PAYS BRIANÇONNAIS *De Briançon au Viso. La vallée de Névache et le Queyras,* illustré de 154 gravures et planches hors texte.

LE VERCORS *(Le Royannais et les Quatre-Montagnes).* Région du Mont-Aiguille, du Villar-de-Lans et des Grands Goulets. Illustré de 120 gravures et 16 planches hors texte.

D'AIX-LES-BAINS A LA VANOISE *La Savoie méridionale, Aix et son Lac; Challes et Brides; les Glaciers de la Vanoise.* Illustré de 154 gravures y compris les hors texte.

JEAN DE METZ

AU PAYS DE JEANNE D'ARC *Préface de M. Funck-Brentano.* In-4° illustré en phototypie Sépia sur papier teinté.

AUX PAYS DE NAPOLÉON - L'Italie. In-4° illustré en phototypie.

A LA MÊME LIBRAIRIE

LA MEIJE ET LES ECRINS par Daniel **BAUD-BOVY.** Reproduction en couleurs de l'œuvre de **Hareux** comprenant en tout 75 illustrations dont 50 pastels dans le texte et 25 hors texte. Ouvrage tiré sur beau papier fond gris, encadré de filets.

- In-4° broché . . . . . . **60 Fr.**
- Reliure spéciale de luxe . . . . **20 »**

Il ne reste que quelques exemplaires de ce livre tiré à 650 numérotés.

EN PRÉPARATION

JEAN DE METZ

L'EGYPTE, 1798-99 de la collection Aux Pays de Napoléon.

www.ingramcontent.com/pod-product-compliance
Lightning Source LLC
Chambersburg PA
CBHW060528090426
42735CB00011B/2414